名师名校新形态通识教育系列教材

演讲与口才教程

——演讲的力量

陈　飞◎主　编

岳　奎　王丽明◎副主编

U0740081

人民邮电出版社

北　京

图书在版编目（CIP）数据

演讲与口才教程：演讲的力量 / 陈飞主编.
北京 ：人民邮电出版社，2024. --（名师名校新形态通
识教育系列教材）. -- ISBN 978-7-115-65025-2

Ⅰ. H019

中国国家版本馆 CIP 数据核字第 2024S16M79 号

内 容 提 要

本书重视演讲在其发展演变过程中所呈现出的阶段性特点与社会价值，并试图结合新时代的特点与要求，从演讲应用的实际场景与功能角度出发，对演讲进行实操性的探索与研究。本书分为三大板块，共 7 章，按照"全面认识演讲""准备你的演讲""开启你的演讲"的逻辑思路，呈现"演讲的前世今生""演讲概述""演讲者概述""构思演讲内容""细化演讲攻略""掌控演讲现场""区分演讲场景"等内容。每一章均包含本章学习目标、课前热身、本章小结和本章习题 4 个栏目。本书提供了一些优秀演讲范例的文本和视频作为配套资源，可供读者参考使用。

本书可作为高等院校演讲与口才公共课的教材，也可以作为语言表达类专业基础课的教材，还可以作为演讲爱好者的自学与参考用书。

◆ 主　　编　陈　飞

　副 主 编　岳　奎　王丽明

　责任编辑　税梦玲

　责任印制　陈　犇

◆ 人民邮电出版社出版发行　　北京市丰台区成寿寺路 11 号

　邮编　100164　　电子邮件　315@ptpress.com.cn

　网址　https://www.ptpress.com.cn

　三河市中晟雅豪印务有限公司印刷

◆ 开本：720×960　1/16

　印张：12　　　　　　　　　2024 年 9 月第 1 版

　字数：187 千字　　　　　　2024 年 9 月河北第 1 次印刷

定价：59.80 元

读者服务热线：(010)81055256　印装质量热线：(010)81055316
反盗版热线：(010)81055315
广告经营许可证：京东市监广登字 20170147 号

　　语言表达是人们传递信息、传播思想、传承文化的最重要的方式之一。在今天这样一个万物互联的时代，5G 网络、云计算、大数据、人工智能、区块链、元宇宙等概念的出现，表明信息技术正在重塑人类的生活。互联网为每个人打开了一扇窗，无论你身处何地，无论你想要表达什么，互联网都可以瞬间连接你我他。你随时可以开口，成为网络中的一个发光体，面向全球网民去创造新的价值。演讲在这个新的时代，继往开来，呈现出新的态势，焕发出新的光彩，也担负起新的使命。

　　演讲是一门古老的学科，曾在古希腊和中国先秦时期盛极一时。当时涌现出了许多优秀的演讲家，他们以有力的思想推动历史的发展。演讲也是一门年轻的学科，在中国，对演讲的真正研究始于近代。演讲也在随着时代与科技的发展而不断变化，呈现出新的形式。例如，"主播"这个词已经不再特指电视屏幕后面的少数人，而可能指活跃在我们身边的每个普通人。自媒体使"人人皆主播"成为可能，同样，也使"人人学演讲"成为必然。这就是当今时代对每个人提出的新要求，无论你想要创造什么、成就什么，演讲都可以成为你的有力工具。而如何使用演讲这个工具更好地传递信息，如何在海量碎片化信息的传播中脱颖而出，如何满足未来职场的多场景表达需要，正是演讲研究所面临的新挑战，也是每一个面向未来的青年人应该了解的。

　　本书作为面向青年群体的高等院校演讲教材，力求体现时代要求和实践需要，以演讲学习和实践的 3 个阶段为逻辑思路，设计了 3 个板块。第一个板块是"全面认识演讲"，包含"演讲的前世今生""演讲概述""演讲者概述"3 章。这一板块以历史唯物主义的思想为指引，站在历史发展的角度追根溯源，探索演讲的历史沿袭规律，详细描述了演讲在古希腊和中国诞生与演变的历史过程，力求在人类社会的发展历程中探求演讲的社会价值与意义；并在此基础上总结和提炼演讲的本质特点，重新定义演讲，结合时代变化对演讲做了新的分类。其中，第 3 章"演讲者概述"介绍了演讲者需要具备的能力和学习的方向，尤其强调演讲作为思想传播的手段，对演讲者自身各项素养，尤其是道德素养提出的具体的要求。本书后两个板块分别是"准备你的演讲"和"开启你的演讲"，这是站在演讲学习者的角度，从演讲实操的层面展示演讲从准备到实施的全过程，包含"构思演讲内容""细化演讲攻略""掌控演讲现场""区分演讲场景" 4 章，详细介绍了演讲内容构思的角度和方法，演讲临场的要求与应变策略，演讲在不同应用场景下的呈现方式与要求，等等。

学习演讲的目的是应用，演讲能力来源于大量的实操练习，因此重视课堂展示与场景演练是本书的特点，建议读者在学习过程中灵活掌握学习进度。本书的难点在于对演讲理论知识的理解，而这种理解需要与实践相结合。本书第三个板块"开启你的演讲"包含"掌控演讲现场"和"区分演讲场景" 2 章，它作为演讲的实际应用板块，对演讲临场和不同场景下的演讲技巧都进行了梳理和说明。该板块内容虽然放在最后，但在实际操作中可以根据需要适度提前，或者插入各章的学习中，作为实战演练的重要依据。

为了使读者更好地学习演讲，本书以提升演讲实际应用能力为目标，通过理论与实践相结合的方式深入浅出地对演讲的各个环节进行了讲解。本书的特色具体介绍如下。

（1）引用了大量的演讲案例。本书在理论讲解中选用了大量生动的演讲案例，并在配套资源中给出了这些演讲案例的完整文字稿与视频。这些案例大多选自社会各行业的演讲获奖作品，有名人的演讲，但更多是普通人的演讲。演讲者有大学生，也有职场人士；有记者，也有大学教授、医生；有劳动模范，也有各个领域的普通工作者。

（2）栏目设计体现理论学习与实战演练的结合。本书的每一章都设有本章学习目标、课前热身和本章小结，每一节后都设有思考与训练。这些内容实际上是对每章或每节的重要理论知识进行梳理和总结，便于读者概览或回顾每章或每节的重要知识点，加深读者对知识的理解。教师也可以此为依据进行学生理论知识掌握情况的考查。本书每一章后都设有本章习题，这些题目的设计更倾向于"用"的层面，侧重于演讲的实战演练和知识点的拓展性思考，可用于演讲的实操训练或者课前展示。

　　本书由湖北省演讲协会党支部书记、会长陈飞主编，华中科技大学岳奎教授、王丽明副教授担任副主编。同时，要特别感谢武汉大学翟汛教授、华中师范大学马克思主义学院孙永祥书记、外语学院陈志红副教授，湖南师范大学文学院蔡颂教授给予的宝贵建议。特此致谢！

　　在本书编写过程中，编者参考了大量文献、演讲词及相关网络资源，恕无法逐一标注，对相关作者谨致谢忱。由于编者水平有限，书中难免存在表达欠妥之处，因此，编者由衷希望广大读者朋友和专家学者能够拨冗提出宝贵的建议。

陈　飞

目录
C O N T E N T S

板块一 / 全面认识演讲

2

板块二 / 准备你的演讲

3 板块三 / 开启你的演讲

1

板块一

全面认识

演讲

　　人在一生中有多少时候必须面对众人去演讲？不管我们是否愿意，也不管我们是否有所准备，这个时刻总会到来。或许是一次初见，作为新同学的你，不得不向班上的其他同学做自我介绍；或许是一次课堂展示，你不得不在众目睽睽之下讲述你所准备的内容；或许是一次机会，你需要参加一场面试来确定是否有资格加入一个组织或团队；或许你必须当面告诉你的家人和朋友，解释你的决定并期待获得他们的支持。以上这些场景都涉及一件事情——演讲！那么，什么样的演讲才能打动听众？在不同的场景下，演讲的方式是否应该有所不同？你如何通过日常练习来提升自己的演讲能力？如何选择和打造自己的演讲风格？如何成为一个真正的演讲者？要找寻这些问题的答案，先一起来认识"演讲"吧。

1

第1章
演讲的前世今生

本章学习目标

1. 了解演讲的起源。
2. 了解演讲的发展历史并对比演讲在中西方的异同。
3. 了解演讲在新时代的使命与作用。

课前热身 ●●●

1. 请结合自己的经历，谈谈你对演讲的认识，说说你对学习演讲有何期待。

2. 请查阅资料，谈谈你对演讲历史的了解和看法。

　　想理解和把握事物的本质，视角很重要，学历史尤其如此。你只有站在比一个事物更高的位置上俯视它，才能看清它的全貌。如果你只是站在下面仰望它，就像站在山脚仰望一座山，你会发现无法看清全貌，也就无法了解这座山的整体情况。所以，我们只有具备历史视角和整体观，才能真正把握事物的本质。

1.1　演讲的起源

如果我们要真正认识和了解演讲，不妨从它的"出生地"开始，探寻它成长的轨迹，从而真正了解它。

1. 演讲的发源地

演讲起源于哪里呢？对于这个问题，国内外的学者有不同的看法。部分国外学者认为演讲起源于古希腊，并且是西方社会特有的现象。他们否定包括中国、古埃及、古印度在内的东方文明古国有演讲存在，这当然是有悖事实的。《尚书》中曾提及，在公元前 13 世纪，商王盘庚为了迁都至殷，面向公众进行过 3 次激动人心的演讲。如此说来，这比伊索克拉底在公元前 380 年号召公众联合起来讨伐波斯的演讲还要早 900 多年。在中国的历史中，可追溯的演讲实践虽早于古希腊，但就演讲的发展来说，古希腊较早地进行了演讲的理论研究并且编写了演讲教材，使演讲成为一个独立的研究方向。伊索克拉底早在公元前 390 年就在雅典创立了第一所修辞学校，并教授演说术，培养了古希腊历史上很多优秀的演讲家，苏格拉底也曾是他的学生。古希腊哲学家亚里士多德的《修辞学》，就是对演讲术进行系统研究和阐述的里程碑之作。

关于演讲的发源地，本书认为较为科学的说法应该是：演讲，作为一种人类的语言表达形式，是人类文明发展共有的产物，几乎在古希腊与中国的先秦时期同时出现并兴盛起来。演讲这种语言表达形式在不同的文明土壤中同时产生并独立发展，各有其特点，就像一位西方学者所说，"没有演说的文明是不存在的"。

2. 演讲的先驱者

在古老的中国，出现了老子、孔子这样的先贤。孔子门下弟子三千，他专设"言语"一科，教弟子如何论辩。孔子教育弟子的方式，经常是引发学生之间的思考和辩论。他和苏格拉底一样，在世时并未著书立说，但却影响巨大。孔子的弟子及再传弟子把他的言论用对话体的方式记录整理下来，这就是今天我们看到的《论语》。孔子所创立的儒家思想奠定了中华民族几千年的文化根基。

在古希腊，出现了以苏格拉底为代表的哲学先驱，他经常站在雅典广场上，以跟人闲聊的方式探寻哲学问题。他的思维独特而犀利，人们常常被他驳得哑口无言。这种提问与探讨式的说话风格被称为"苏格拉底式提问"，他的演讲也常常引得路人驻足围观。久而久之，苏格拉底所在的广场角落就形成了一个演讲场，很多平民百姓、达官贵人都慕名前来，参与其中。

3. 早期演讲的特点

演讲是人类语言发展中自然而然出现的一种现象，早期的演讲具有如下特点。

（1）演讲诞生于人类口语交际的需要，最初是以"对话体"的方式出现，但它又不同于口语交际，而是一种高级的语言表达形式。

（2）演讲是伴随着人类哲学思想的启蒙和发展而产生的，是少数哲人先贤启迪人类智慧的重要手段。演讲自诞生之日起，便肩负起了传播思想的重任。

（3）演讲具有强大的传播力，具有思想引领的作用，可以团结和凝聚人心，从而使一个群体形成共同意志。

思考与训练

1. 演讲起源于何地？有哪些代表人物？
2. 演讲的先驱者有哪些？他们的演讲有什么特点？
3. 早期的演讲具有什么特点？

1.2　演讲的发展

1. 演讲在中国的发展

演讲在中国诞生较早。在中国，有文字记载的演讲可以追溯到《尚书》中所记录的商代盘庚迁殷的 3 次演讲。盘庚曾用演讲的形式动员和说服民众跟随他完成迁都工作。

春秋战国时期，诸侯争霸，征战不断，这种分裂和战乱的社会现实引发了人们对社会变革和国家治理的思考，中国出现了孔子、孟子、庄子、荀子、墨子、韩非子等诸子百家争鸣的局面。他们或办学收徒，或周游列国，传播自己的政治观点，纵论天下之事，阐述安邦定国之策，带来了思想的空前繁盛。这一时期，中国的演讲发展呈现出百花齐放的态势，演讲的实践活动很多，但专门的研究很少。

在五四运动中，无数志士仁人为挽救民族危亡四处奔走、振臂高呼。一大批革命者、爱国者的演讲成了唤醒民众的号角，那慷慨激昂的言辞，成为推动历史前进的力量。这一时期，中国的演讲迎来了新的发展机遇，在唤醒民众意识、凝聚民族精神方面发挥了应有的作用。

党的十一届三中全会后，中国的演讲事业又迎来了新的发展机遇，也出现了很多优秀的社会演讲家。邵守义主编的《演讲与口才》杂志广为发行，各类演讲类书籍层出不穷。很多师范类高校也专门开设了大学生演讲课程，各类演讲活动、演讲赛事不断兴起，演讲在各行各业都呈现出蓬勃发展的态势。全国各级演讲学会、研讨会应运而生，一支演讲实践和理论研究的队伍逐渐形成和发展。在各界人士的共同努力下，演讲这种语言表达形式逐渐走向成熟，并在各个领域发挥着越来越大的作用。

2.演讲在西方的发展

古希腊是历史上欧洲东南部一个地域的总称，它是西方哲学、文学、艺术等的发源地，出现了诸如苏格拉底、柏拉图、亚里士多德等著名哲学家，产生了《荷马史诗》这样仅靠口耳相传而流传下来的文学巨著。西方有记载的文学、科技、美术都是从古希腊文明起源的，古希腊是西方文明的源头之一。古希腊文明有一个特点，就是演讲盛行，以至于历史上有"言必称希腊"之说。演讲在古希腊盛极一时，出现了以吕西阿斯、伊索克拉底、德摩斯梯尼、安提丰等为代表的"阿提卡十大演讲家"。演讲者是古希腊人崇拜的"智者"，即有智慧的人。

演讲在古希腊的鼎盛，最重要的原因就是演讲在古希腊具有独一无二的社会功能。在古希腊人眼里，演讲是一种"雄辩术"或者"诱动术"，在很多关键时刻，演讲是解决问题的钥匙。亚里士多德在《修辞学》一书中，按功能把演讲分成商议性演讲、诉讼演讲和展示性演讲。古希腊作为西方文明的发源地之一，演讲所具有的这些社会功能也一直沿用至今，例如各种庆典、活动致辞的演讲环节等。可以说，古希腊是西方演讲发展的源头，奠定了西方演讲学的基础。

古希腊人对演讲的无比推崇，推动了古希腊演讲学术研究的进程，促进了"修辞学"这一专门研究演讲术的学问的诞生。雅典这座城市在当时成为"智者之城", "智者"们编订演讲课本, 传授演讲技能, 游走于古希腊各城邦之间, 以雅典为中心推动了一场以传授演讲术和治理城邦为核心的"智者运动", 从根本上影响了整个古希腊社会, 进一步推动了古希腊演讲的繁荣和鼎盛。

思考与训练

1. 演讲在中国经历了哪些发展阶段?
2. 请列举中国历史上有哪些优秀的演讲家。
3. 请列举古希腊有哪些优秀的演讲家。

1.3 演讲与时代

演讲自诞生之日起, 便紧随时代、反映时代, 并力求推动时代的进步与发展。演讲作为一种语言表达形式, 因思想而诞生, 因时代而繁荣, 它的发展依赖于民主、开放、自由的社会环境, 并在推动社会变革、传播思想文化方面发挥巨大的作用。伟大的演讲家既是时代所需要的, 也是时代所造就的。当一个人的思想能与时代交融, 并服务于时代和人民时, 演讲便能迸发出巨大的力量, 推动社会的进步和发展。这就是演讲的力量。

1. 演讲进入新时代

21 世纪的我们身处万物互联的信息时代。今天的中国日益强大, 无论是经济、思想文化, 还是社会建设、科技创新, 各个领域都呈现出蓬勃发展的态势。中国这个古老而又现代的东方大国, 在世界上高高举起了中国特色社会主义的伟大旗帜, 行走在实现中华民族伟大复兴的中国梦的新征程上。在信息时代的大背景下, 在高速发展的中国的土地上, 每一位青年学生都拥有广阔的舞台和无限的机遇。这个时代不会埋没任何一个真正有才华的人, 无论你热爱什么、擅长什么, 你都有条件、有机会来实现目标。你可以在任何一个或多个领域发挥自己的特长, 创造出一片天地。

这也是一个属于演讲的时代。信息化的便利使我们每一个人都能成为主角, 我们是新时代的见证者、开创者、建设者, 我们可以发声, 更有条件发声。我们应该掌握演讲这个工具, 更好地呼应时代, 实现个人价值和人生梦想。

2. 新时代呼唤新演讲

演讲这门古老而又年轻的学科，在历史的发展进程中既有传承，又有开拓。在信息化时代，演讲更应顺应时代潮流，体现时代特点。那么，新时代的中国青年应该如何运用演讲，使之在个人成长和社会发展中发挥应有的作用呢？

（1）以演讲凝聚中国精神

中国精神，是新时代中国演讲永恒的主题，充分体现在社会主义核心价值观的3个层面中。其中，富强、民主、文明、和谐是国家层面的价值目标，自由、平等、公正、法治是社会层面的价值取向，爱国、敬业、诚信、友善是公民个人层面的价值准则。传承和发扬中国精神，就要做好社会主义核心价值观的宣传，这是演讲在新时代中国的重要主题，也是演讲在推动中华民族走向伟大复兴的过程中应发挥的重要作用。演讲就是要紧跟时代，记录和歌颂时代伟大的壮举，并提炼和传扬生动的中国精神，使中国精神成为中华儿女稳固的精神家园和团结统一的精神纽带，打造中国精神的文化高地。新时代中国演讲必须肩负起树立共同理想、团结人民的使命和责任。对于广大青年学生来说，我们有责任也有义务树立和宣传崇高的理想信念，使演讲真正助力国家富强。

（2）以演讲传播先进知识

知识经济时代意味着知识的传播已经成为演讲的重要主题。同时，为了更好地融入这个全球化智能时代，我们每一个人都需要成为数字化智能发光体，学会自我发声，利用演讲传播知识，用语言的力量提升竞争力。因此，如何更好地利用演讲进行知识的分享与传播，已经成为演讲研究的重要课题。作为信息传播手段，演讲具有得天独厚的优势：它更加直观生动，较之阅读，演讲在调动人的情绪、情感和注意力等方面都有更好的效果。对于青年学生来说，我们不仅要学习知识，也要善于传播知识。就像伊索克拉底所说："我们称演讲家为能够在一群人面前讲话的人，称圣人为他们当中说话最好的人。如果我必须对这一主题进行总结的话，我们会发现没有语言就没有智慧，语言是一切行动和思想的统帅，那些拥有最伟大智慧的人最会使用它。"拥有知识和才华的人，更要善于运用演讲的力量来传播知识、启迪智慧。演讲可以让知识不受限于个人，而是更大程度、更大范围地面向社会体现出价值。

（3）以演讲塑造品牌价值

在经济飞速发展的今天，一个人要立于不败之地，就要学会运用演讲进行品牌价值塑造与推广。某品牌创始人为了更好地推广品牌，苦练演讲，从一个纯粹的技术人员变成一位优秀的演讲人，也成为该品牌的代言人。他在品牌创立 10 周年的庆典上发表了 3 个小时的演讲，为人们讲述他的故事，这不仅推广了产品，更重要的是向广大用户传播了品牌价值和经营理念，用演讲的方式塑造和推广了企业文化和价值观念。

对于一个创业者来说，掌握演讲的技巧可以让自己的想法更快地获得支持和帮助。如今，很多高校组织学生参加如"挑战杯"中国大学生创业计划竞赛，以及全国大学生课外学术科技作品竞赛等高水平示范性竞赛。在路演环节，学生要用演讲的方式在规定时间内讲清楚自己的项目规划、亮点和创新点，因而掌握演讲的技巧就显得格外重要。

塑造的品牌，不仅是企业的品牌，还可以是个人的品牌。个人要在社会上寻求发展，就要充分展示出自己的能力，这就是个人品牌。个人品牌就是一个人的性格气质、做事风格、人品能力等的集合。个人求职面试、竞选发言的时候，也需要掌握演讲的技巧，用语言展示和推广自己，为自己争取更多机会。

思考与训练

1. 演讲与时代发展有什么关系？
2. 当今时代有什么特点？这对演讲有哪些影响？
3. 新时代背景下，演讲具有什么社会功能和价值？

本·章·小·结

演讲是一种自古就有的语言表达形式，从演讲的起源我们可以看到演讲的特点和社会功能价值，了解演讲在不同时代、不同地域、不同社会形态下的表现形式。演讲在中国已进入新发展阶段，肩负着新的使命，呈现出蓬勃发展的态势。

本章习题

1.除了书中所介绍的演讲家，请另外介绍一位你喜欢的历史上著名的演讲家，为我们展示他的经典演讲片段，并介绍他的演讲风格特点。

2.谈谈在当今时代，你知道的新兴的演讲形式有哪些。

3.举例说明，你参加过的演讲活动中，演讲发挥了什么作用，体现了哪种社会功能？

4.查阅资料了解"苏格拉底式提问"，你觉得这种说话风格有何特点和作用？

2 第 2 章 演讲概述

课前热身 ● ● ●

1. 请结合你的经历，谈谈你对演讲是如何理解的。你认为好的演讲有什么标准？

2. 你认为演讲和朗诵有区别吗？为什么？

2.1 演讲及相关概念

"演讲"又叫"讲演""演说"，这 3 个词是同义词，在含义上几乎没有区别。"讲演"一词在 20 世纪初期用得比较多，1928 年，学者李寓一曾出版《讲演法的研究》一书，用的就是"讲演"一词。随着时间的推移和语言的发展，这个词已经用得很少了，我们现在常用的就是"演讲"和"演说"这两个词。例如"演讲比赛"我们一般用"演讲"，"××演说节目"则采用了"演说"一词。但若是细究这两个词的区别，大概就是"演说"一词的历史更悠久一些。

"演说"一词早见于《北史·熊安生传》中，"公正于是具问所疑，安生皆为一一演说……"，这里的"演说"有"推演解释"的含义。而"演讲"一词出现较晚，在今天的实际应用当中，"演讲"和"演说"的含义并无太大差别，基本可以互换使用。

演讲作为一种历史悠久、源远流长的社会实践活动，人们对其进行了不断的探索和研究。由于时代不同、文化不同、实践不同，人们对演讲有着不同的经验和体会，因此对演讲也有不同的看法。

2.1.1　众说纷纭话演讲

什么是演讲？

不同的学者给出了不同的定义。在《说文解字》中，演讲被解释为"演，水长流也""讲，和解也"，引申为演讲就像流水一样，通过语流对事物进行引申、铺陈、解说。在《现代汉语词典（第 7 版）》中，演讲一词的解释为"演说；讲演"，而"演说"一词（动词词性）的解释为"就某个问题对听众说明事理，发表见解"。在《辞海》（网络版）中，演讲是"在公众场所，针对某个具体问题，鲜明、完整地发表自己的见解和主张，阐明事理或抒发情感，进行宣传教育的沟通方式"。

古希腊哲学家亚里士多德在《修辞学》一书中这样解释"演讲"："利用语言这种方式使听众印象深刻并影响他们赞成或反对某种行为的过程。"亚里士多德把演讲定义为"通过说理或论辩来劝说他人做出某种反应的活动"。可见，亚里士多德非常关注演讲对听众的实际作用，他对演讲的定义和理解也深深影响了整个西方世界。亚里士多德之后，古罗马的一位演讲家西塞罗在他的《论演说家》一书中这样理解"演讲"："证明自己所讲述内容的真实价值，达到审美上的快乐，影响听众的意志并激励他们去行动。"他对"演讲"的解释更加细化，对演讲内容、审美价值、听众反应都进行了详细描述。

在中国，20 世纪初期，一大批学者开始对演讲进行专题研究，其中比较有影响力的有 1928 年出版的余楠秋的《演说学 ABC》和同年出版的杨炳乾的《演讲学大纲》这两本书。1929 年，余楠秋任复旦大学文学院首位院长，他在所著的《演说学概要》中写道："演说的工具是声调，姿态与辞句；但是它的目的，是要把思想由演说者的口中输入听众的脑海里，使他们不期然而然地悦服和感动，即时表现他们的同情。"杨炳乾在晚清时提倡演说，不仅仅是引进一种说话的技巧，更是呼唤政治改革的风气。

新中国成立以后，随着时代的发展，人们对演讲不断进行探索，一些学者和社会活动家试图对演讲做出新的解释。现代有些学者认为："演讲就是在听众面前，边讲边演，传达意见和观点，表达感情；演讲就是将具有不同的语调与高超的'演技'的独白语言和态势语言相结合的艺术形式。"而社会活动家、演讲家李燕杰为演讲给出了一个简单的解释。他在《演讲漫谈》中指出："什么是演讲，简单回答，是就某个问题对听众讲明事理、发表意见，如此而已。"他对演讲的看法简单明了，与《辞海》（网络版）和《现代汉语词典（第 7 版）》基本一致。

对于演讲的定义，现代的各种相关著作中具有代表性，也是目前应用较广泛的说法当属邵守义先生的观点。邵守义是《演讲与口才》杂志的主编，他在《演讲学》中对演讲做出了一个相对完整的概括："演讲者在特定的时境中，借助有声语言（为主）和态势语言（为辅）的艺术手段，针对社会的现实和未来，面对广大听众发表意见、抒发情感，从而达到感召听众并促使其行动的一种现实的信息交流活动，这就是演讲。"我们现在的大多数演讲教材都采用了邵守义先生的说法。

从古至今，从西方世界到中国，我们从这些演讲的定义当中可以看到演讲这种现象的兴起，看到人们在探索语言表达奥秘时的思考和进步。我们也会发现，由于人们所处的时代不同、地域不同，拥有的文化习俗不同、从事的职业不同，看待演讲的视角和观点也会不同。我们不能说哪一个定义是对的或者错的，因为它们所反映出的，是特定时代背景下的演讲理论发展过程。到今天，对演讲的研究仍在不断发展完善中，始终在路上。

2.1.2 演讲的内涵与外延

理解演讲这一概念时，视角决定结论，而视角取决于你的身份和你看问题的角度。

对于新闻工作者任毕明来说，他是站在使用者的角度，侧重观察演讲所产生的效果，所以他认为，演讲是运用一些舞台技巧和手段达到宣传的目的，是一种宣传工具。

对于演讲家李燕杰来说，他是站在实践者的角度，侧重观察演讲者在演讲时的实际感受和状态，所以他认为，演讲是一种就某个问题发表看法、阐明观点的行为，演讲是一种说理行为。

对于《演讲与口才》杂志的主编邵守义来说，他作为演讲理论的研究者，会站在旁观者的角度观察，所以他认为，演讲是以有声语言为主、态势语言为辅的一种抒发情感、阐明道理的行为，演讲是一种信息交流活动。

无论何种视角，都会为我们理解演讲带来一定的启发。从上述的各种演讲定义中，我们至少可以提炼出以下 4 点。

第一，演讲者在公共场合，如舞台之上，面对听众讲话，才能构成演讲。

第二，演讲是为了发表见解、阐明道理的。

第三，演讲需要依靠一定的艺术技巧和手段，例如声音、手势、表情、情绪等"演技"，才能具备感染力。

第四，演讲以感染和说服听众为目标，具有很好的宣传作用。

根据以上 4 点，我们基本可以勾画出演讲的轮廓和模样，但这离我们真正掌握和使用它仍然有一定距离。我们不妨换一种视角，站在学习者的角度来看待演讲。

青年学生进行演讲的场合很多：参加演讲比赛、各类面试、干部竞选、课堂展示、论文答辩、项目路演，甚至与家人朋友沟通交流等。这些都需要我们掌握演讲的方法和技巧。那么，是否可以在演讲的定义中体现出这一点，使演讲更便于理解，更具实用价值？这是本书重点考虑的问题，也是作者在帮助读者理解演讲这一概念时希望体现的部分。

这就需要提到"大演讲"的概念。

1. 什么是"大演讲"？

我们知道，当说到演讲的时候，大多数人会联想到公众演讲，也就是演讲者站在舞台上面对一群人进行演讲。那么，当你坐在家里的沙发上，面对摄像机镜头直播的时候，你是否是在演讲呢？当你跟朋友聚会吃饭，聊到自己假期的见闻时，你是否在演讲呢？当你跟同学讨论问题，你坚持自己的观点并力图说服别人时，你是否在演讲呢？过去我们常常把"演讲"做更细的划分，称"公众演讲"为"演讲"，管生活中的交流叫"人际沟通"。这里的"演讲"，实际上是"小演讲"的概念。本书认为，无论应用场景有何不同，演讲的内在语言表达模式不会变，演讲的能力一旦形成，是可以广泛应用在任何场合的。"大演讲"的概念不对演讲做"公众演讲"和"人际沟通"的细致区分，而是认为这些语言表达形态均属于演讲的范畴。

从"大演讲"的视角来看，演讲的学习者应该掌握演讲的技巧，并把这些技巧应用在各种场合。真正具备演讲能力的人，不是只在公众面前表达，也能在生活中处理一些沟通问题。从演讲的语言表达逻辑上来看，公众表达和生活沟通有着共同的内在逻辑，技巧是通用的。很多人一想到演讲要面对众人的目光，就会感到紧张害怕、排斥拒绝，就是因为对演讲的认识还停留在"小演讲"的概念上，总觉得演讲是一件特别正式的事，所以压力特别大，不愿意尝试。对于演讲初学者来说，正确认识演讲是一件特别重要的事。如果你把演讲看作一种舞台展示，这只会拉远你与演讲的距离，不利于你尽快地进入演讲的角色中。

事实上，只要开始说话，就需要组织语言。语言是思维的体现，怎么开场？怎么阐述？怎么结束？这都需要使用演讲的技巧。演讲在生活中无处不在，一个创业者在电梯里遇见投资人，需要迅速组织语言介绍自己的创业项目，争取投资人的关注和青睐。很多人将这种情况称为"电梯演讲"。一个人求职面试就是面对一位或多位面试官介绍自己并回答问题，这叫"求职演讲"。这些都属于演讲的实际应用范畴。

对于演讲的学习者来说，学习演讲，其实就是要掌握语言表达的内在思维逻辑。学习者掌握了这一点，无论是生活中的沟通还是舞台上的公众演讲，无论在什么样的场合下，无论是坐着还是站着，无论是面对一个人还是一群人，都能够从容应对，侃侃而谈，逻辑清晰，语言流畅，表达精准。

基于此，本书将以"大演讲"的视角看待所有的语言表达现象，并力求探索语言表达的共通规律。

2.什么是演讲？

给演讲下定义，目的有两个：一是要画出一条演讲区别于其他语言表达形式的分界线，二是要找到一条学习演讲的便捷的、实用的路径。这是演讲研究的目标。

基于这两点，本书对演讲所下的定义为：演讲是一种有目的的说话行为。

这个定义包含两个重要的核心内容。

一是从形式上确定了演讲是一种说话行为。演讲从表达形式上来看，和一个人平常说话并没有根本的不同，不需要做刻意的、严苛的区分。每一个人都有自己的说话风格：有人语速快，有人语速慢；有人音调高，有人音调低；有人热情高亢，有人沉静稳重。所有的这些特征，可以根据表达内容的需要进行适当优化，但不应该被全然改变。演讲应该像说话一样自然，既然是说话，就应该体现出轻松自然的个人特色。演讲的能力，应该从一个人自然的说话状态衍生发展而来，而不是要重新塑造，也没有固定的态势。

既然演讲是一种说话行为，那就需要和其他的语言表达形式做出区分。

（1）演讲需要和戏剧表演等艺术表演形式区分开来

很多人认为，演讲是"演"和"讲"的结合，认为"演"是表演的意思，并因此认为演讲是一种舞台表演艺术，这其实是对演讲的误解。确实，在公众面前做演讲常常是有舞台的，甚至戏剧表演中的声音和姿态技巧可以运用在演讲中，但这并不是必需的，演讲者也不是演员，戏剧化的、表演式的说话形式并非适合每一个演讲者。甚至可以说，戏剧化的、表演式的说话形式是演讲应该摒弃的，它不是真正意义上的演讲。真正优秀的演讲，并不需要刻意夸张的表情和声音，也不需要标准如新闻主播一般的普通话，只要朴实真诚，就可以打动听众。在电视节目中，我们经常可以看到各个领域的专家名人演讲，这些演讲者就像在跟听众说话、聊天一样。他们表情轻松自然，语言朴实，喜欢与听众互动。可见，好的演讲与舞台表演无关，演讲就是一种说话行为。即使是在舞台上，演讲也更应该体现为说话的态势，而非表演的态势。

（2）演讲需要与朗读和背诵区分开来

我们从演讲的发展历史中可以看到，演讲起源于口头交流，是口语表达的一种延伸。演讲本质上就是一种语言交流，既然是语言交流，就与朗读和背诵不同。朗读和背诵是照本宣科，是对已有文稿的一种艺术呈现，而演讲是一种即时的语言创造。朗读和背诵不需要现场互动，而演讲是一种语言交流，是可以有现场互动的。朗读和背诵可以作为演讲前的重要训练方式，但并不是演讲的真实呈现方式。

二是从内容上确定了演讲是一种有目的的行为。并非所有的说话行为都是演讲。演讲与随意说话的分界线就在于有无目的，目的性是演讲的本质属性。

我们知道，演讲是一种说话行为，就像我们日常说话一样简单；但演讲又不同于一般的说话行为，其不同之处就在于演讲更加注重思维的逻辑性。也就是说，演讲的语言服务于目的性，演讲不是随意说话，而是有组织、有目的地表达。先说什么，后说什么；多说什么，少说什么……每一个词语都不是随意说出的，而是应该服务于演讲的目的。因此，演讲是一种有准备的、有意识的逻辑表达。生活中这样的场景有很多：当销售员给客户推荐产品的时候，当你在新朋友面前做自我介绍的时候，当一个人向爱人表白的时候，当你与朋友商量旅游的线路和方案的时候，当你向老师汇报你所负责的项目进展的时候……每一种表达都基于不同的目的，这势必需要你有所思考和准备。这种不一定要有讲稿，但一定要有意识地表达，我们称之为"演讲"。无论你是否意识到这一点，你已经身处其中。这就是演讲的状态。

2.1.3　构建演讲思维

1. 演讲的要点

基于演讲的定义，我们可以重新解释演讲中"演"的含义。"演"并不是表演的意思，而是演绎。演绎是一种逻辑推理过程，指的是从某一个前提条件出发，得出一个结论。演绎法和归纳法是演讲中常用的推理方法。演讲从本质上来说，是一种逻辑推理的说理过程。这也说明了演讲中更重要的是语言内容的逻辑和思维，并不是形式上的表演技巧。

由演讲的定义，我们可以得出以下3个结论。

第一，演讲是一个找到自我的过程。演讲并不是神秘的或者高不可攀的，我们每一个人都具备出色地进行演讲的潜力。当我们意识到演讲只是一种"说话行为"，不需要刻意改变我们原本的说话状态时，我们才能摆脱对演讲的恐惧，使自己处于放松的状态，才可能随性自然地表达。对我们每一个人来说，演讲应该是一个找到自我的过程。演讲需要展现真实的自我，说话本身应有的状态是不需要掩饰的：开心会笑，伤心会哭，烦恼会皱眉，思考会抿嘴。找到这种真实的说话状态更有利于演讲时的表达。大多数时候，人们在众目睽睽之下会感到紧张，这是因为他们觉得演讲是一个不一样的时刻，不同于平时的说话状态，于是笑容僵了，语言不自然了，手不知道往哪里放了，甚至忘了自己要说什么了。这不是因为人们缺乏演讲的能力，而是因为没有回归说话本身。人们常常因为场景带来的压力忘了真实的自我，忘了自己为什么要说话，以致注意力分散，不知所措。注意力一旦离开了话题本身，我们便偏离了演讲的正确方向。找到生活中真实的自我以及说话的状态，明确演讲的目的，我们就能真正驾驭演讲。

第二，演讲需要内驱力。 有的时候，演讲的目的性体现为一个人的表达欲望，可以理解为一种表达冲动。某位人际关系学家曾表达过一个观点："任何人一旦生气之后，就会言辞巧捷，变得很会说话。即使一个笨嘴拙舌的人在被别人打倒后，他也会立即站起来与你理论，而且一点儿都不亚于一个一流的演讲家。"这说明演讲是一种潜能，可以被唤醒和激发，并且不需要任何技巧。这就是为什么有的人完全没有受过演讲的训练，却可以成功地演讲。大道至简，如果说演讲有捷径的话，那就是要有与人分享的欲望。这种欲望就像汽车的发动机一样，能变被动为主动，是内在的、原发的，能使人充满热情。我们管这种力量叫作"内驱力"，这时的说话状态是演讲最真实的状态，也是最佳的状态。

第三，演讲需要有明确的目的。 孔子说："辞达而已矣。"语言表达所追求的目标就是"达"，我们可以理解为"到达"，也就是实现你的说话目的。你演讲的目的可能是表达一个观点，或者解决一个问题，或者倾诉一种情感，这就需要你清楚准确地表达出来。每一句话都应该向着目标进发，这才是有效率的表达。因此，说话的时候要考虑顺序，要考虑重点，要考虑效果，不是任何说话行为都叫演讲。演讲取决于一个人的意图，是一种有意识的表达。演讲就像一条小船，如果漫无目的地漂流在海上，只能叫"漂泊"；只有有方向地前进，才叫"航行"。演讲就是一种语言的"航行"。

2.演讲思维方法

作者认为，演讲是一种有目的的说话行为，这一定义可以衍生出一个演讲思维方法——目标思维法。在日常生活中，我们可以用这个方法来指导语言表达。

什么是目标思维法？这是从目标出发倒推出演讲内容的方法。

例如，自我介绍可看成是一次演讲。我们在很多场合都会进行自我介绍，介绍的内容很多，如姓名、年龄、工作、性格、爱好、履历等，但具体说什么内容，这就取决于自我介绍的场合和目标。

一般来说，自我介绍的场合可以分成两类：一是社交场合，二是工作场合。社交场合主要以社交为目的，工作场合主要以协作完成一件工作为目的。在两类不同的场合中，自我介绍的内容和重点不一样，我们需要区别对待。我们可以在自我介绍之前运用目标思维法，先确定自我介绍的目标，然后针对目标进行介绍内容的选择和组织。

（1）社交场合的自我介绍

社交，就是交朋友、认识别人，也让别人认识自己，这是一个大的方向和目标。根据具体的社交场合，我们可以制订出更细化的目标。例如你加入了学校的一个演讲社团，作为新成员，你需要向社团的老师和同学们介绍自己。这种场景下，我们可以制订出更明确的演讲目标，举例如下。

① 让大家对我留下深刻印象，能够记住我的名字或者其他特点。

② 让大家了解我加入社团的目的，从而交到志同道合的朋友，同时获取更多演讲的机会。

至此，我们就完成了目标的制订工作。接下来，我们可以根据目标整理思路。

① 为了让大家记住我，我需要找到自己身上的特色。例如可以对名字进行拆分解析，方便大家记住，也可以讲一个小故事介绍自己的性格或者特长。总之，挖掘自己的特色和亮点，是让别人记住自己的重要方法。

② 结合社交主题，表达我对演讲的兴趣，让大家知道我们有共同的爱好，拉近彼此距离；也可以介绍自己参加过的活动、过往的演讲经历，说明自己加入这个社团的目的，如希望交到朋友，获得更多演讲实践的机会，等等。

整理好思路，我们就可以开始演讲了。下面给大家提供一则范例。

在"我和演讲有个约会"湖北省演讲协会新会员见面会上，有一个会员是这样做自我介绍的。

"大家好，很高兴作为新会员参加这次活动，我叫罗风华，我的名字来源于毛主席诗词中的'恰同学少年，风华正茂'一句。对，大家猜得没错，我叫风华，我弟弟叫正茂。我们风华正茂。

我是一名教师，我对演讲最大的感触来源于去年我们单位的一次招考。有

100多人报考我们单位，笔试之后，每个岗位有3人进入面试，选1人录取。结果到了面试那天，其中一个岗位有2位面试者弃权，只剩下1位面试者，也就是说，这个岗位基本就是他的了。可事与愿违，他在面试中表现不佳，面试分数低于当天考试的全场平均分，他没能被录取，这个岗位也作废了。我当时就想，多么可惜啊，付出这么多努力，过五关斩六将，都走到最后一步了，却输在不会表达上。经调研，有很多大学生都存在不擅长表达的问题，而在职场中，我们常常需要当众讲话，这是一种职业能力。

今天来到这里，我希望能够跟各位演讲者成为朋友，互相交流学习，共同探讨，不仅提升自己的演讲能力，也能帮助更多人。谢谢大家！"

她讲完以后，很多人都记住了这个幽默又可爱的女孩，记住了她的名字和讲的这个故事，总的来说，这个自我介绍就比较成功。

（2）工作场合的自我介绍

适用于工作场合的自我介绍，目标就更加明确，即更好地开展工作和完成任务。基于这个目标，我们可以列出如下自我介绍的重点内容。

① 名字和职业身份。

② 工作职责和权限。

③ 工作目标、原则和要求。

这类自我介绍应短小精悍、直截了当，重视信息交换而非情感交流，这是它和社交场合自我介绍的最大区别。而且，工作场合的自我介绍只是互相认识、打开局面的开场语，是为了方便开展工作而做的必要信息交流，注重的是工作角色，所以语言简单凝练是其主要特点。

由此，我们可以了解如何运用目标思维法制订演讲目标、细化演讲目标，从而倒推出演讲内容。我们可以运用目标思维法实现高效表达。

思考与训练

1. 什么是"大演讲"？

2. 演讲的定义是什么？如何理解该定义？

3. 演讲的"演"是什么含义？如何理解它？

4. 什么是目标思维法？如何运用它？

2.2　演讲的构成与评判

我们如何评判一场演讲？我们可能目睹或参与过很多演讲比赛，但很少知道演讲者水平的高低如何评判，是否有一个标准。要评判一场演讲，首先，我们需要判断这是不是演讲；其次，判断这是不是好的演讲。关于判断是不是演讲，我们需要深入理解演讲的定义，掌握演讲的本质属性。前文已详述，此处不再赘述。

那么，如何判断是不是好的演讲呢？就需要了解演讲的构成和评判要点。

2.2.1　演讲的构成

目前的大多数演讲，从呈现方式上来看，可以分为两部分——内容和形式。

内容指演讲的内容，就是演讲者根据演讲的主题，通过独立思考形成观点，进而构成的演讲稿内容；对听众而言，就是演讲者表达的内容信息。

形式指演讲的外在表现，例如演讲表达层面的音量、语速、重音、停顿、气息等构成的抑扬顿挫，演讲台风层面的礼仪、服装、手势、眼神、表情等构成的视觉美感，演讲辅助层面的演示文稿（PPT）和其他演讲辅助道具的使用。

表 2-1 为某演讲比赛的评分标准。由表 2-1 可知，在总分中，演讲内容占35%，演讲的外在表现形式占55%，会场效果占10%。如果按照这样的标准来准备，演讲者将把更多时间花费在优化演讲的外在表现形式上，如外形、声音、台风、PPT 等。根据这样的评分标准，演讲者会自然而然地认为，演讲更倾向于一种舞台表演艺术；然而，我们知道，这是对演讲本身的误解。

表 2-1　某演讲比赛的评分标准

评价项目	评　价　要　点
演讲内容 （35分）	演讲内容能紧紧围绕主题，观点正确、鲜明，见解独到，内容充实具体、生动感人（15分）
	材料真实、典型、新颖，事迹感人、实例生动，反映客观事实，具有普遍意义，体现时代精神（10分）
	讲稿结构严谨、构思巧妙、引人入胜（5分）
	文字简练流畅，具有较强的思想性（5分）

评价项目	评价要点
语言表达（35分）	演讲者语言规范、吐字清晰，声音洪亮圆润（10分）
	演讲表达准确、流畅、自然（10分）
	语言技巧处理得当，语速恰当，语气、语调、音量、节奏符合思想感情的起伏变化，能熟练表达演讲的内容（15分）
形象风度（15分）	演讲者精神饱满，能较好地运用姿态、动作、手势、表情表达对讲稿的理解
综合印象（5分）	演讲者着装朴素大方，举止自然得体，有风度，富有艺术感染力
会场效果（10分）	演讲具有较强的感染力、吸引力和号召力，能较好地与听众感情融合在一起，营造良好的演讲效果；演讲时间控制在5分钟之内

演讲是内容与形式的统一，但其中起到关键作用的是内容。演讲通常是有主题的，不偏离主题是演讲的基本要求。在既定的主题下，演讲者的思维角度、立意和创新很重要，成功的演讲需要有出色的内容，好的内容在演讲中起决定作用。《中央广播电视总台 2019 主持人大赛》中，某主持人在点评时说："什么是最重要的？立意呀！驭文之首术，谋篇之大端。一切的一切，最后我们都要听出你在说什么，这才是最重要的。"内容之所以重要，就在于它具有独创性，代表着演讲者的知识积累和思考，这也是演讲者送给听众的礼物。有了礼物，还需要包装盒。演讲的形式就像礼物的包装盒，好的包装盒可以起到衬托礼物的作用；但如果过于复杂就会喧宾夺主，起到反作用，所以演讲不能过分追求表现形式和舞台效果。有的演讲者喜欢制作精致的PPT，用音乐营造氛围，使用夸张的表演技巧，这些当然可以有，但是如果没有优质的演讲内容做支撑，这些都只能沦为哗众取宠的手段，不能构成好的演讲。这并不是说演讲的形式不重要，但所有的形式都是为内容服务的，这才是形式存在的价值。

2.2.2　演讲的评判

如何科学地评判一场演讲？大致有以下几个要点。

1. 看立意

亚里士多德曾提出"演讲金字塔"理论。他认为演讲的说服力体现在3个方面，可以看作金字塔的3个角。顶角处是"德"，代表着演讲者的人品德行，一个人品德行好的人说出的话自然具有说服力。"德"也代表着演讲是善意的，是符合社会道德和伦理的，是正能量的，能对人起到正向引导作用，而不是把人引入悲哀、自责等负能量的陷阱，或者是为了达到演讲者不可告人的目的。金字塔底端的两个角分别代表"理"和"情"。"理"是指道理，演讲最终总要说明一个道理，有逻辑、说得通才能让人信服。"情"是指情感真挚、有温度，语言富有感染力，能引起听众的情感共鸣。"理"和"情"这两个要素都被"德"所统领，"德"是演讲的立身之本，是演讲的旗帜和方向。

对于青年学生来说，学习演讲首先要学会鉴别和评判演讲，对各种演讲活动进行筛选，参加可信度高的正规演讲活动；要善于运用目标思维法，学会对演讲内容进行解构分析，对案例和数据进行调查核实；善于使用批判性的思维方法，透过现象看本质，判断演讲的目的和价值，学会科学分辨演讲，避免受骗上当。其次，作为演讲学习者，我们需要对自己的言论承担责任，所演讲的应该是充满正能量、积极向上的、符合社会主义核心价值观的、真正对人们有启发的内容。

2. 看内容

优质的演讲内容首先来源于演讲者的智慧。立意深刻、有思想、有见解的演讲，能反映出演讲者的思想深度和知识广度。语言表达能反映出一个人的阅历、知识水平、性格、能力、语言组织能力，是一个人综合素质的体现。

优质的演讲内容还来源于真实和真诚，讲真话、诉真情是演讲的要求。所谓"感动自己的才能感动别人"，说的就是演讲内容应该是真实的。如果为了演讲而演讲，把演讲变成一种表演，就失去了演讲的真诚。真诚是化解尴尬、打破隔阂的有效方式，每一个平凡的人都可以分享自己生活中的故事和所思所想。真诚意味着愿意敞开心门，与他人连接。"没有一条路通往真诚，真诚本身就是道路。"在演讲中，演讲者开放的、包容的态度和真诚的给予，能给听众带来温暖的力量。

3. 看效果

演讲是一种具有感染力的语言表达形式。检验演讲成功与否的标准就是看演讲所产生的实际效应。演讲的效果不是靠自我感觉，而是听众说好才是真的好，听众的反应就是演讲的效果。演讲是"利他"的，演讲者应该提供听众可接受的、对听众真正有价值的东西，这就是站在听众的角度思考，"要让人想听爱听，听有所思，听有所获"，因为听众才是演讲的评委和裁判。所以，演讲既要考虑形式，也要考虑内容，用听众听得懂的语言讲听众能理解的道理。

4. 看传播力

信息时代的特征之一是信息传播的速度非常快，所以传播力就是衡量信息价值的重要标准。一场好的演讲往往具备很好的传播力。我们在网络上看到的一些优秀的被很多人点赞关注和转发传播的演讲大多是有突出特点的、让人印象深刻的、容易让人记住的内容，"记得住"才能"传得开"。一场演讲要让听众记住，不仅要有亮点，还要有特色，这关乎话题的选择、内容的创新、语言的凝练等方面。

以上 4 点构成了演讲的评判标准。在任何时候，演讲的内容和形式都是不能割裂开来，我们在评判一场演讲的时候也须完整地综合考虑，从演讲的目的出发，对演讲的立意、内容、效果、传播力等进行综合评估。

思考与训练

1. 演讲的构成要素有哪些?
2. 演讲的内容和形式各起到什么作用?
3. 评判一场演讲的标准是什么?

2.3　演讲的分类与实施

对事物进行分类，是很常见的一种研究事物的方法。通过分类，我们可以对事物的本质进行更加深入的探寻。

对于演讲的分类，不同时代的学者们持有不同的看法。

在古希腊，亚里士多德在《修辞学》一书中把演讲分成以下 3 个类别。

1. 商议性演讲，特指在城邦公民大会上的演讲。

2. 诉讼演讲，特指在城邦法庭上的控辩演讲。

3. 展示性演讲，特指在重大节日等隆重场合的演讲，例如公共葬礼等。

以上是按照演讲场合来划分的，这种分类标准也延续到了今天，有些学者根据这个标准把演讲分为政治演讲、生活演讲、学术演讲、法庭演讲等。

按照演讲的目的和用途，有学者把演讲分为公务报告类、思想训导类、学术研讨类、法庭演讲类、礼仪庆典类等。

按照演讲的表达方式，有学者把演讲分为命题演讲、即兴演讲和论辩演讲3类。

随着时代的发展，现代演讲也呈现出新的变化，如高校学生喜闻乐见的主持、辩论等活动；职场人士在工作中常做的工作汇报、媒体采访、主题宣讲等；自媒体运营者在拍摄制作视频时的讲解等。演讲在不同的场景下呈现出不同的特点。

2.3.1 有稿演讲与无稿演讲

按照准备方法，演讲可分为有稿演讲与无稿演讲。

1. 有稿演讲

有稿演讲就是演讲者在参与演讲活动或公开发言前，提前准备演讲稿，在正式演讲时带着演讲稿上台讲的演讲方式。这是一种简单常用的演讲方式。

有稿演讲的优势在于，当演讲者准备时间短、难以脱稿的情况下可以减轻压力，降低出错的风险，让演讲者更容易准备和驾驭。这种方式适用于特定人物和场合，如须出席重要活动的公众人物等，可以采用这种方式。2022 年北京冬季奥运会上国际奥林匹克委员会主席托马斯·巴赫的演讲，就是一次有稿演讲。

使用提词器的演讲也属于有稿演讲。有很多人认为，提词器可以解决有稿演讲中演讲者与观众缺乏眼神交流的问题。有了提词器，演讲者的压力会更小，不用担心忘词，看起来是在进行无稿演讲。但这也有一些弊端。如演讲者看提词器时无法看观众，眼神很容易飘忽和移动，也有可能会读错，从某种程度上来说会降低演讲的生动性。

有稿演讲的劣势在于以下两个方面。

（1）生动性和现场感染力不足

演讲者的眼睛需要看稿子，无法与听众充分交流；表情、手势和动作无法充分施展，会导致演讲缺乏生动性和现场感染力。

（2）容易出现误读

朗读是一种被动的读取，对于缺乏经验的演讲者来说，有可能因为紧张而读错字或者出现断句错误。如一个完整的成语因为印刷原因分隔在不同页面，会导致演讲者语言不连贯和断句不当。演讲者需要充分熟悉演讲稿，提前做好重要词句的断句和标记工作。

下面介绍有稿演讲的准备和实施。

如何更好地准备有稿演讲、提升演讲效果呢？有以下 3 个方法。

一是提前熟悉演讲稿，做到表达流畅。 如果我们在正式演讲中出现读错字的情况，是非常难堪的，所以提前做好演讲稿的熟悉工作很重要。自己写的演讲稿也要多读几遍，确保足够熟练，也可以在断句和重音处做好标记；能脱稿是更好的，即使不能，也要做到局部脱稿，不能一直盯着演讲稿看。同时，完整演练是必要的，这有助于形成语感，帮助我们流畅表达。

二是注重交流，适当发挥，力求脱稿。 为了有更好的演讲效果，演讲者要注意多与听众进行眼神交流，切忌频繁地看演讲稿，尽量在抬头时能给出一句完整的表达。如果在时间上没有限制，演讲者也可以根据演讲稿做适当的现场发挥，把有稿演讲和即兴演讲结合起来。这样做会使演讲生动很多，也是一种有效提高自己演讲能力的手段。

三是合理使用提词器。 即使现场备有提词器，演讲者也应该提前熟悉演讲稿，因为机器也可能会失灵。为了确保现场演讲不出问题，演讲者应有备选方案：如同时带着演讲稿上台以备不时之需；或者尽可能熟悉演讲稿，达到部分脱稿的程度。若演讲者对提词器产生依赖心理，反而不利于发挥。此外，如果演讲内容中有抒发个人情感的内容，脱稿效果将更好，如"每当回想起这段经历，我的心里总是充满温暖……"等语句。

总之，对于演讲稿和提词器，正确的使用方式是使它们起到提示的作用，就像主持人的手卡一样，只在必要的时候去看它。演讲者必须摆脱对提词器的心理依赖，对演讲稿足够熟悉，这样才能真正讲好。

2. 无稿演讲

无稿演讲，就是不带演讲稿上台的演讲。这是一种与有稿演讲相对的演讲形式。无稿演讲分以下两种。

一种是脱稿演讲，演讲者提前写好演讲稿，然后全文背诵下来进行演讲。

另一种是即兴演讲，即事先无演讲稿，或者只是写了个提纲，演讲者需要就眼前的情境等"有感而发"，表达自己的看法、意见、情感、愿望等。这是演讲者完全凭借临场发挥而进行的演讲。

脱稿演讲和即兴演讲均为一类演讲形式，因为两者在本质上是一致的。对于演讲者来说，无论是否事先写好了演讲稿，在不带演讲稿的情况下面对众人演讲，都需要具备即兴发挥的能力，所以统称为无稿演讲。但从难度上说，即兴演讲难度更高，脱稿演讲是走向即兴演讲的必经过程。

无稿演讲尤其是即兴演讲，是演讲高级别的呈现状态，其优势就体现在生动性上。无稿演讲中，演讲者可以充分运用手势、眼神和表情来对演讲内容进行充分诠释，演讲者可以随意走动，更加自由，表现力更强。无稿演讲是对演讲者风格气场、思维能力、心理素质等方面的展示。

相对于有稿演讲而言，脱稿演讲的难度更大一点，但是现场呈现效果显然要更好。在脱稿演讲的准备过程中，要注意以下两个要点。

一是记忆方法得当。我们在记忆演讲稿的时候要有方法，可以分三步走。第一步要熟记框架。我们可以绘制思维导图熟记整场演讲的"地形"和"路线"，更加清楚地知道自己走到哪里了，下一步是哪里。第二步要"添枝画叶"。我们应按照既定的"路线"，用具体的词句来填充，例如哪个地方引用名人名言，哪个地方穿插某个故事，等等，这能帮助我们记忆具体的演讲内容。第三步要融会贯通。我们应将所有的演讲内容内化于心，做到完整呈现。

二是演练方法得当。在完成演讲稿的背诵之后，我们就要进行演讲的实景演练。如果可以去正式演讲的场地进行演练当然更好，这有利于演讲者熟悉场景、增强信心；但如果不具备这样的条件，我们也可以自行演练，但演练的方法很重要。在我们每一次的演练中，上台、鞠躬行礼、称呼问好、开始演讲、结束谢幕等所有环节都必须完整练习，并且根据演讲的时间要求和背景视频配合进行时间把控。如果中途出现忘词的现象，也不能中断演练，自己可以即兴发挥，直到完成整场演讲。因为现场演讲是不能重来的，所以在演练中就必须按照现场的实际情况进行模拟，这才是真正有效的演练方法。世界上没有完美的演讲，对自己的演讲表现也不能苛求完美，只要能完整呈现，在过程中遗漏部分内容或即兴发挥一些内容都是非常正常的。

脱稿演讲是走向即兴演讲的必经之路，是我们训练大脑记忆能力、现场反应能力、压力适应能力的方法。对于演讲初学者来说，脱稿演讲是个人演讲能力真正形成的开端。

2.3.2 **现场演讲与视频演讲**

根据传播方式，演讲可分为现场演讲与视频演讲。

1. 现场演讲

现场演讲，就是演讲者与听众处于同一个时空，演讲者直接面对听众展开的演讲。现场演讲是与视频演讲相对的一个概念，现场演讲具有以下特点。

一是演讲语言的不可逆性。现场演讲是不能重来的，演讲者需要具备一定的控场能力和应急处置能力，这对演讲者语言的流畅性和连贯性提出了很高的要求。这也意味着如果现场出现了突发状况，演讲者必须根据实际情况灵活处理，如忘词时，要进行即兴发挥，以确保演讲的完整性。

二是现场表现的真实性。首先，现场演讲对演讲者的展示是全方位的。演讲者的一颦一笑，哪怕是一个微表情、一个不经意的小动作，在舞台上都会被看得一清二楚。这些表情和动作都是信息符号，能展示出演讲者的真实状态。对听众来说，在演讲现场不仅仅可以"听"，还可以"看"。对演讲者来说，在现场演讲可以全面生动地展示自我。其次，现场演讲的效果更好，感染力更强。尽管现场演讲对演讲者来说压力更大、风险更高、难度更大，但却是应用较广泛的一种演讲形式。现场演讲对听众来说更具有影响力和说服力，更能够展示出演讲者的魅力。演讲者拥有可自由支配的空间和自主权，可根据现场互动的情况，随时调整演讲进度、改变演讲内容，使演讲更加具有针对性。

下面介绍现场演讲的准备和实施。

一是注重互动。现场演讲更强调现场互动感和表现力，对演讲者的专业技能要求更高，需要演讲者有较强的现场控制能力和语言表达能力，所以演讲者要真正找到与听众产生共鸣的契合点，并保持良好的演讲心态。

二是精准表达。在演讲现场，演讲者的声音是听众接收信息的主要来源，所以演讲者须声音清晰、语速适中、语言简单，并与辅助展示内容配合默契，帮助听众理解，注重语言表达与交流的趣味性和生动性。

三是提前熟悉场地和设备。对于现场演讲而言，缓解演讲者紧张情绪的方式之一是尽快适应场地。演讲者可以提前进入演讲的场地,调试好设备,避免临场出现突发状况,更好地稳定心态。除此之外,演讲者还要做好充分的准备,反复演练,更好地保障演讲成功。

2. 视频演讲

视频演讲可分为两类:现场直播类和后期制作类。

（1）现场直播类

这是演讲者和听众处于同一时间、不同空间中所开展的演讲,如我们看到的电视直播或者视频直播等。演讲者没有直接面对听众,但言语依然具有不可逆性,演讲者依然需要保证演讲的连贯性与流畅性,做好自己的表情和动作管理,确保演讲的完整和美感。跟现场演讲比较起来,视频演讲的难度小一点,演讲者可以使用画面切换来辅助演讲。现场直播类演讲中演讲者可以与听众隔空互动,如进行现场调研或者回答听众的提问。受到网络传输能力等的限制,现场直播类演讲在画面效果、现场感染力方面虽不及现场演讲,但因为开展起来比较便利,仍然是广泛应用的一种视频演讲形式。

（2）后期制作类

这是演讲者与听众处于不同的时空中的演讲。例如,一些经过后期制作的视频演讲,其中的场景设计、字幕显示、音乐与画面的切换配合等都有很完整的脚本设计和制作流程。演讲者既不必面对听众,也不必过分追求演讲的连贯性,且没有互动环节,所有画面都可以进行后期的美化和剪辑。所以严格意义上,我们将其称为演讲宣传片,是借用演讲的形式制作的用于特定目的的宣传作品,不能称为真正意义上的演讲。我们现在看到的很多短视频作品,演讲者就某一个问题发表看法,介绍某种概念或产品,都属于后期制作类演讲。

下面介绍视频演讲的准备和实施。

视频演讲对演讲者本身的语言表达能力要求不高,但对内容创作和呈现形式的要求更高,如视频拍摄、剪辑以及演讲内容的质量等。视频演讲应以演讲稿为基础,根据演讲稿的内容撰写拍摄脚本或直播提纲。视频演讲要注意以下几个要点。

一是视频演讲的语言要精练好记。文本可以有很多金句或亮眼的词语,以方便记忆,也可以运用大量排比句式。

二是视频演讲最好加字幕。因为带有字幕,听众可以听也可以看,是一种可以阅读的演讲。即使演讲者的声音不清楚、有口音等，也不影响听众理解。这就意味着演讲者的表达难度并不大，演讲者还可以随时切换画面来辅助讲解。

三是视频演讲要以演讲者为主。我们拍摄演讲视频时，画面要以演讲者为主，只在必要的时候切换为其他画面，以辅助听众理解内容；如果辅助画面太多，就很容易主次不分，从而该视频就类似于普通的宣传片了。

四是视频演讲要体现传播效能。视频演讲要重视传播效能，虽然对演讲者的语言表达能力要求不高，但还是应注重内容质量。演讲视频的传播有效性主要体现在话题选择、内容制作和时间控制上，这就要求演讲视频应标题醒目、内容有趣、短小精悍。演讲视频应有一个明确醒目的标题以吸引用户点击观看。此外，视频在开始后的短时间内须明确话题和观点，铺垫不宜太长，否则可能无法吸引用户。所以，设计一个有吸引力的开场尤为重要。同时，演讲视频须短小精悍，不宜过长，控制在 1 ～ 3 分钟是比较合适的。

就演讲效果而言，现场演讲的感染力更强，现场效果更好，主要应用于各种现场活动。但就传播方式的影响力而言，视频演讲的传播范围更大，受众更多，更易于推广，人们可以随时随地打开手机观看演讲，可以在不同场所反复欣赏和揣摩内容。两种演讲形式各有主场、各具魅力，都是当今广泛运用的演讲形式。

2.3.3　自主演讲与互动演讲

按组织形式，演讲可分为自主演讲与互动演讲。

1. 自主演讲

众所周知，演讲一般都是以演讲者讲述为主的，尽管在这个过程中演讲者也会与听众互动，但演讲者会主导整个演讲过程，由演讲者主导的演讲称为自主演讲，如演讲比赛就是一种典型的自主演讲。自主演讲一般会指定某个主题，演讲过程由演讲者主导，时间和流程由演讲者自主把控。自主演讲流程简单，完整性强，我们现在看到的大多数自主演讲都是主题演讲。

2. 互动演讲

互动演讲的话题选择和流程设计不由演讲者来主导，而是由主持人来安排。

演讲者在主持人的引导下发言，其间可能变换话题，可能追加提问，演讲者需要做出即时反应。答记者问、嘉宾访谈及大学生毕业论文的答辩部分都属于典型的互动演讲。互动演讲的特点就在于互动性很强，是一种交谈式的演讲。在互动演讲中，演讲者需要具备即兴演讲的能力。

自主演讲和互动演讲的区别在于演讲流程的主导者不同。对自主演讲而言，演讲者可以事先做周密的规划和安排，每一个环节，包括与听众的互动和应对，都是可以事先设定的。互动演讲不完全由演讲者来主导，因此会有一些不可控的因素，演讲难度就体现在这里。自主演讲中也有互动部分，互动的目的是为演讲者的内容做铺垫。

实际上，自主演讲和互动演讲只是形式不同，在本质上并无大的区别，互动演讲其实也可以看成是由若干个小型自主演讲构成的。无论是自主演讲还是互动演讲，演讲者都是主角。

下面介绍互动演讲的准备和实施

要准备好一场互动演讲，我们需要把握以下几个要点。

一是提前准备。如果是录制播出的采访，我们需要提前进行准备，包括了解受访的主题和采访者的意图，进行必要的采访目的沟通；知晓采访提纲，根据主题和提纲提前准备好回答要点，或写出回答的提纲和文稿用来做参考，便于掌握要点。这里面最重要的是与采访者的事先沟通。文字沟通是一个方面，但最好能提前见面，一方面可以沟通采访细节，另一方面能够减轻受访者的压力，让双方尽快熟悉彼此的说话风格，建立一种默契。

二是简明扼要。如果不是需要录制播出的采访，而是随机采访，对受访者来说更轻松自由，但也需要谨慎对待。互动演讲其实就是回答问题，每一次回答都是一次微演讲。既然是微演讲，就要注意把控时间和内容，做到观点鲜明、内容简明扼要。对于随机采访来说，问题不能提前预知，但我们可明确采访的原因，并遵循即兴演讲的规则、技巧和方法，结合采访的主题和个人的身份定位来回答。这是即兴演讲中最重要的要点。受访者需要以简明扼要为要求，对思路进行整理，对观点进行归纳，一般不进行展开性的论述，做到点到为止就可以了。

思考与训练

1. 演讲有哪些类别？划分标准分别是什么？
2. 使用提词器的演讲属于哪一种演讲？如何提升提词器的使用效果？
3. 视频演讲与现场演讲有何区别？它们各有什么优势？

2.4　演讲与其他语言艺术

在中国，语言艺术主要包括朗诵朗读、主持辩论、戏剧表演、相声曲艺等，这些语言表达形式活跃在舞台上，为人们所喜爱，具有艺术审美的效果。那么这些语言表达形式与演讲又有什么样的关系呢？我们一起来了解一下。

2.4.1　演讲与朗诵

演讲与朗诵看上去非常相近，但却是截然不同的两种语言表达形式，两者的区别主要体现在以下几点。

1. 功能不同

演讲的功能是说服或者推介说明，朗诵的功能是重现经典或者审美创造。从这个角度来看，演讲更具有社会功能价值。通过演讲，演讲者阐述自己的思想和观点，并希望与听众建立信任与合作的关系，通过观点的输出带来实际的影响力，从而达成目标。而朗诵是一种舞台表演艺术，是对语言作品的重现和再创造。朗诵者朗诵一篇作品，是希望使作品的神韵在舞台上得以呈现。朗诵体现了朗诵者对作品的独特理解和审美创造，诠释作品是朗诵者的目标。总之，演讲重在语言所表达的观点和思想，而朗诵重在声音和表演。

2. 内容不同

首先，从作品的归属来看，演讲者的作品是自己独有的，演讲稿是演讲者的原创作品，是基于演讲者的生活经历、思考、价值观而形成的独属于演讲者的作品。因此，优秀的演讲稿是独一无二的、真实具体的，是个人思想的呈现，不能交给别人来讲。而朗诵的作品不一定是朗诵者独有的，可以是他人的作品，也可以是朗诵者原创的作品。其次，从作品的性质来看，演讲稿一般以具有思考性、推理性的语言来阐述一种思想或者观点，可以讲故事，也可以抒发情感，但都是为观点服务的，说服仍然是其最主要的功能。而朗诵作品以诗歌、散文等具有浓烈抒情色彩的作品居多。朗诵对语言的节奏感、韵律感要求较高，朗诵作品可以是虚构的、想象的。最后，从语言特征来看，演讲的语言更加通俗化、口语化，多以短句子为主；朗诵的语言比较优美华丽，偏抒情，可以是书面语和长句子。

3. 形式不同

演讲的形式比较简单，一般是以一位演讲者的讲述为主；朗诵的形式更多样，可以多人朗诵，也可以和歌唱、舞蹈、戏剧表演结合起来。虽然演讲也可以使用道具、音乐，但演讲更加纯粹，所有的形式都是为观点服务的，且演讲者的讲述仍然占据主导地位，过多的形式反而容易冲淡主题。另外，演讲时是可以与台下听众互动的，演讲者可以即兴发挥，改变原定的演讲内容，根据现场情况进行调整；朗诵不具备这个特征，朗诵者一般不与台下听众互动，朗诵节目自成一体，是不能即兴发挥的，更不能改变事先的朗诵内容。

2.4.2　演讲与主持、辩论

校园里深受学生喜爱的演讲形式还有主持和辩论。

1. 演讲与主持

在当今社会生活中，大大小小的活动都离不开主持人，主持人作为引领主题、连接流程的重要角色，成为活动的一个亮点。从某种程度上来说，主持人的质量和水准决定了一场活动的质量和水准。大学生活丰富多彩，大学生也经常需要在各种活动中承担主持工作，这是很好的锻炼自己的时机。很多大学也都开设有播音主持专业，主持已成为一种职业。

主持一般分为会议主持和活动主持两类。主持人在会议或活动中主要起着桥梁纽带的作用，穿针引线，负责整场会议或活动的流程推进工作。所以主持人是整场会议或活动的主导者，但却不是主角。主持人就像是穿起一颗颗珍珠的线绳，虽然必不可少，但却应淡化自己、突出他人。优秀的主持人能够让观众感受到会议或活动的主题和意义，充分展示出每个流程的特色和价值。主持人应该像导演一样，把控会议或活动的每个环节，查漏补缺、营造氛围、画龙点睛。

主持是演讲的高级阶段。主持和演讲各有其特点，目的和要求不一样。主持的目的是成就一场活动，通过掌控活动的进程、凸显活动的主题、把控流程与节奏、连缀各个环节等，使活动形成一个有机的整体。而演讲的目的是说服或者展示。相应地，演讲者与主持人的身份定位也不同。演讲活动以演讲者为主角，而主持人不是整场活动的主角，只是活动的牵引者。

2. 演讲与辩论

在我们的生活中，辩论无处不在，最明显的是辩论赛的形式。我们常常会遇到与自己意见相左的人，这些差异有时候会引发辩论。此外，任何新闻事件、社会话题都可能引起辩论。

辩论是演讲中常用的一种具有说服力的形式。辩论是同一个辩题下观点相反的双方，为了证明自己的观点正确而进行的解释、说明、论证、质询的说话行为。辩论不仅对演讲能力提出了要求，还要求辩论者善于倾听，能迅速理解对方的意思，发现问题并迅速反应和组织语言。实际上，辩论就是由很多个微演讲组成的，每一次论辩就是一次微演讲，双方需要阐述观点、展示论据，进行有效的表达。所以辩论在很大程度上需要使用演讲的技巧，需要以理服人、以情感人，需要逻辑推理和生动表达。从这一点上来看，辩论也是演讲。

但辩论与演讲仍有区别。以辩论赛为例，二者的区别首先就在于持有的观点是否为内心的真实想法。我们知道，辩论赛的观点是随机抽取的，也就是说在辩论赛中，辩手的观点有可能不是自己内心的真实想法，这是最具挑战性的一点。而演讲者所持有的观点都是自己真实的观点和想法，这是演讲者维持可信度的基本要求。从这一点上看，演讲和辩论是有区别的。其次，演讲不一定以说服对方为目的。演讲从内容目标上可以分为信息型演讲和说服型演讲两种，演讲有的时候是为了传播知识，目的在于展示。但辩论是以说服为目的的，生活中的辩论是为了说服对方，而辩论赛的辩论是为了说服现场观众。这一点也有一定区别。

从某种意义上说，辩论是寻求真理、探寻真相的过程，"真理越辩越明"。辩论赛的目的也不在于分出输赢，而在于对辩手思维能力、语言能力、反应能力的充分锻炼，对话题充分的思考，尤其是站在对方的角度思考问题。有的时候辩手抽到的不一定是自己真实持有的观点，这是辩论极具挑战性的一点，但也是最有魅力的一点。就像某高校老师在他的演讲《我们为什么要辩论》中所说："人们面对新闻事件和一些社会话题时，总是因不同的观点争吵，但辩论是没办法选择观点的，因为是正反方抽签决定，所以你抽到的可能恰恰是你不认同的观点。通过辩论，你学会了换位思考，学会了理解他人。人生就像辩论，因为懂得，所以慈悲。"

2.4.3 演讲与评书、相声

评书也叫说书，评书与相声都是具有中国特色的传统语言艺术形式，历史悠久。评书和相声本质上都是舞台表演，是曲艺的一种。在表演形式上，评书和相声都具有明显的特点，都配有独特的道具和服装。例如评书以惊堂木为道具，相声有群口相声、对口相声和单口相声，以说学逗唱为主要艺术手段，形式比较丰富。无论是评书还是相声，都有其特有的说话节奏和艺术风格，语速的快慢、声音的高低长短、节奏的把握，都有其固有的规律。评书讲述的内容多以历史小说为题材，故事性、情节性较强。相声的内容较为宽泛，来源于生活的方方面面，但二者共同的特点是语言生动、娱乐大众。

评书、相声与演讲属于不同的语言表达形式。从目的来看，演讲以表达、传播信息为目的，而评书、相声以舞台表演和娱乐大众为目的。这是两者最根本的区别。

2.4.4 演讲与语言艺术的融合

不管是朗诵、主持、辩论、评书、相声，还是演讲，都是语言艺术，都存在一些共通的东西，是可以相互融合的。在学习演讲的过程中，我们可以充分利用各种语言艺术的技巧，通过学习和体验不同的语言艺术形式来分阶段提升自己的语言艺术水平和演讲能力。

在语言艺术的学习中，朗诵是基本功；主持和辩论是演讲的高级阶段；作为舞台表演艺术的评书和相声所使用的舞台技巧和风格也可以为演讲所用，比如相声中的"抖包袱"就是演讲中制造悬念、吸引关注的一种方式；评书中对人物和场景的细节描述，也可以充分运用在演讲的故事讲述中。不管是哪一种语言艺术形式，都可以作为锻炼一个人语言素养、提升演讲能力的方法。都值得我们了解和学习。

总的来说，演讲的学习可以分阶段进行。

第一个阶段，语言感受期。这个阶段是语感的形成期。我们通过学习朗诵，掌握语言的节奏、语速、重音、停顿等技巧，感知声音的美、语言的美，这对于培养语感、积累语言素材都是大有裨益的。尤其是通过朗诵，学习者可以对有声语言产生直观的审美能力，建立初步的语言表达基础。因此，对于演讲学习者来说，练习朗诵非常必要。

第二个阶段，舞台体验期。这个阶段是学习者实现自我突破，勇敢尝试并充分感受舞台的重要时期。可以通过参加各种语言活动来走向舞台、适应舞台，锻炼台风、舞台表现力和心理素质。这个过程非常关键，但也非常艰难。不管是朗诵、相声还是演讲，无论是何种语言表达形式，只要能真正站在舞台上面对观众，就完成了自我突破，开始了塑造自我的历程，这些体验有助于提升自信，培养演讲所需的过硬心理素质。

第三个阶段，思维构建期。这个阶段是演讲思维方式的构建期。我们通过学习演讲三段论、五大思维路径，掌握演讲的思维方法，学会在任何需要发言的时候迅速形成发言思路，学会将思路逻辑化、条理化，思维清晰地表达。这个阶段是通过不断的练习、复盘、总结和思考来实现自我成长。

第四个阶段，实践提高期。真正对演讲融会贯通，是依靠大量的演讲实践完成的，我们所搭建的思维架构，只有表达出来，才是成功！否则腹稿永远是腹稿，没有实践就谈不上总结提升。演讲的实践一定是多场景、多话题的练习，可以在舞台上，也可以在生活中。所有的场景和话题都可以成为练习演讲的机会。在实践中不断强化知识和技巧，不断地总结和提高，才能真正将知识内化于心，从而形成自己的能力。

思考与训练

1. 演讲和朗诵的区别是什么？

2. 如何准备一场互动演讲？

3. 辩论是否属于演讲？

4. 评书和相声是不是演讲，为什么？

5. 学习演讲有哪几个阶段？

本·章·小·结

认识演讲，从了解它的概念开始。演讲是一种有目的的说话行为，这是在信息时代的今天，我们站在"大演讲"的视角下对演讲的理解。这个理解界定了演讲的内涵和外延，为我们区分演讲与舞台表演画出了一条明确的分界线，同时也衍生出目标思维法这一演讲的核心思维方法。此外，我们需要学会评判演讲。不同的演讲应用场景，需要我们对演讲进行分类并区别准备。语言艺术的所有形式都可供我们学习和了解，吸取精华，一步一个脚印，阶段化推进演讲的学习。

本章习题

1. 自选作品在课堂进行朗诵，并说明演讲与朗诵的区别。

2. 课堂展示：设计一次主题访谈节目，邀请访谈嘉宾进行现场访谈。

3. 请自设场景，准备一次自我介绍。分小组演练，组员对演讲者进行打分和评价，并给出改进建议。

4. 选择一个自己喜欢的演讲视频展示给大家看，分析演讲者所使用的演讲思维方法。

3

第3章
演讲者概述

本章学习目标

1. 明确演讲者的角色定位。

2. 明确演讲者追求的目标和境界。

3. 理解新时代对演讲者提出的素养要求，从而科学地选择和打造个人的演讲风格。

课前热身 ● ● ●

请选择一个你喜欢的演讲者，介绍其演讲风格，并进行一段演讲展示。

3.1 演讲者的定义

演讲者，顾名思义，就是演讲的人。当你运用语言表达自己思想的时候，你就是一个演讲者。那么，优秀的演讲者是什么样子的？你的脑海中或许会出现某个人，也许是某个优秀的主持人，也许是某个知名人士。这个人魅力非凡、侃侃而谈，成为众人中的发光体，这是很多人向往的、追求的目标。

然而，在我们的日常生活中，真正优秀的演讲者一定是那个最爱讲话的人吗？一定是性格外向的人吗？一定是普通话标准、嗓音优美的人吗？事实或许并不是这样。口才好的人不一定爱说话，比起说话，他可能更乐于倾听；口才好的人不一定性格外向，他可能更加内敛；口才好的人可能声音并不优美、普通话并不标准，但从不缺乏表达的勇气，在最关键的时刻他总能抓住机会，发表真知灼见。

所以，什么样的演讲者才是真正优秀的演讲者？要成为一个优秀的演讲者，我们应该具备什么样的素质和能力？优秀的演讲者看待问题的视角和普通听众相比有什么不同？如何选择和打造适合自己的演讲风格？今天，我们一起探讨这些问题的答案。

3.1.1 演讲者的本质属性

我们已经知道，演讲是一种有目的的说话行为。这个目的可以是展示一种思想观点，可以是介绍说明某种知识，也可以是表达一种情感或体验。不管是思想观点、知识、情感还是体验，都是信息。演讲者的目的就是用语言搭建起一座桥梁，借助各种方式把信息更好地传递到听众那里。从这个角度来看，演讲者就是信息的传播者。

传播也被认为是语言的本质特性。演讲这种传播活动既是一种社会化的行为，也是人际关系的反映。

1. 信息

作为普遍的社会现象，人类的传播活动由来已久；而作为一种客观存在，信息也是自古就有。根据信息论创立者克劳德·埃尔伍德·香农的看法，所谓信息，就是可以减少或消除"不确定性"的内容。从演讲的角度来说，信息就是演讲者所传达的内容。既然是信息，就需要具备以下特征。

（1）真实

信息的真实可靠是演讲者在听众中建立可信度的关键。无论是什么信息，演讲者讲出来就属于公开传播，必须讲求真实可靠；道听途说的信息不能成为演讲的论据。这里的真实不仅包括数据、人物、故事等客观信息的真实性，还包括观点思想、情感体验等主观信息的真实性。也就是说，演讲者所表达的观点应是自己的真实观点，经过了认真思考和总结，演讲者的情感抒发和个人体验应是真实的，否则就不是在演讲，而是在表演。表演可以是虚拟的，但演讲必须是真实的。因为真实才是负责任的传播态度，这对于演讲者来说是表达的基本素养。

（2）准确

对于演讲来说，语言是传递信息的主要方式，演讲者要在几分钟或十几分钟内让听众理解并接受自己的观点，就要做到准确传递，并确保用词的恰当。准确包括少用同音词，以免造成听觉歧义；语音清晰可辨，例如恰当使用方言和普通话；表情动作恰当与适合，例如悲伤的故事必须用悲伤的情绪表达，演讲者的姿态动作也必须与演讲内容一致。

2. 传播

在英语语境里，传播一词是交流（Communication）的对译词，含义十分丰富，有"会话""交流""交往""交通"等意义。"信息"视野中的"传播"定义更为简洁和明确，即"社会信息的传递或社会信息系统的运行"。

从这个角度来看，传播有以下特点：第一，它是一种信息共享活动，因为传播意味着"交流、交换和扩散的性质"；第二，社会传播是在一定社会关系中进行的，因而是一定社会关系的体现；第三，从传播的社会性关系而言，它又是一种双向的社会互动行为，因为信息的传递需要在传播者和传播对象之间进行，两者之间有接受和反馈行为；第四，传播成立的重要前提之一是传授双方必须要有共通的意义空间，例如都具备解读语言文字的能力、大体一致的生活经验和文化背景等。

演讲的进行过程本质上就是信息的传播过程。它是演讲者与演讲对象进行信息分享的过程，演讲者的观点和态度得以传播扩散。演讲者和演讲对象或因为某一组织、群体产生联系，或因为某个共同目标而共存于传播活动，并且是有信息传播和接受反馈这种互动存在的。更重要的是，演讲者和演讲对象之间关系的成立，是基于对某种语言或符号有共通的理解，否则演讲就无意义，或"传而不通"，或导致误解。

因此，我们可以说演讲者本质上就是传播者。在当今这个时代，传播的方式很多，具体到演讲可分为听觉和视觉两种。听觉就是演讲者的声音表达，这是演讲的核心。视觉就是演讲者的形象、表情动作、眼神姿态等，都是传播信息的方式和渠道。同时，演讲辅助方式的使用也非常普遍，例如 PPT、道具、音乐、视频的配合等也是重要的演讲辅助表达方式。

我们在演讲的分类中讲了，演讲可以分为现场演讲和视频演讲，这是就传播方式而言的。不同的演讲传播方式会带来不同的听众体验，对于演讲者来说，准备和实施的方法也有所不同，要区别对待。

演讲者作为信息的传播者，所做的重要工作就是在自己和听众之间搭建一座桥梁，演讲效果的好坏通常要看这座桥梁的运输效率。运输的过程包括以下3个环节。

一是打包完整无遗漏。这就意味着演讲者必须使用准确的语言表达自己真实的情感和观点。

二是运输过程畅通无阻。演讲者在演讲的过程当中要尽量保证环境无干扰，无论是视觉还是听觉传播都能畅通无阻，让听众可以清晰地看到和听到。

三是听众完成接收。这就涉及听众的接收意愿了，关乎演讲内容的生动性和价值性，包括这个话题是否是听众所关心的，是否对听众具有吸引力，是否是在听众的理解范围内，是否符合听众的审美价值，等等，当然也包括听众接收到的内容是否是完整的，听众是否能准确理解演讲者的意图，等等。

3.1.2　演讲者的角色画像

演讲者应该是什么样的人？很多时候，我们看到的演讲者是名人政要、专家学者。在古代中国，擅长演讲的多为知识分子；在古希腊，演讲家大多是政治家。我们或许认为，演讲者是出众的精英人群，至少应该是比普通人更优秀的人。但实际上，每一个人都可以成为演讲者，只要你有经验要分享，有观点要表达，你就可以演讲。尤其是当今社会，互联网给了我们很多机会和可能。在"人人都是演讲家"的时代，只要你有目的地表达，你就是一个演讲者，你拥有表达的权力。

当然，我们会对演讲者抱有更多期待，因为对于听众来说，倾听是需要花费时间和精力的，听众的态度决定了演讲的效果。因此，每一个演讲者都应该认真审视自己，理清自己和听众的关系，确定自己的角色定位。

1. 自我与他我

每一个人走上演讲台，都希望呈现出自己足够完美的状态。很多人在演讲之前感到紧张，是因为不知道自己应该如何表现才能让听众喜欢。应该表现得温柔亲和，还是干练犀利？应该看起来很博学知性，还是朴素可爱？演讲者到底是应该自我一点，还是应该符合大众的审美，塑造一个能够被听众所喜爱的形象呢？这就是演讲者的角色定位问题，演讲者的"我"到底是谁呢？是真实的自我，还是满足别人期待的他我，抑或是一个介于两者之间的角色？这是演讲者需要解决的问题。

要解决这个问题，首先要明确演讲者的身份。演讲既不是角色扮演，也不是纯粹的个人行为，从分享的角度来说，演讲应该呈现真实的自我，因为每一个演讲者都是带着自己的思想和观点来到演讲台，并希望把这份礼物送给听众。这种送礼物的心是真诚的，礼物是用心准备的，是自己认为有用的好的东西，才可能分享给他人。这就是演讲中常说的"感动自己的才能感动他人"，从这一点上说，演讲者应该是真实的自我。演讲也应该努力找到自己最真实的状态，讲真话，诉真情，才具备打动人心的力量。

但每个人的身份都是多样化的，作为某个组织的代表，有时候我们需要站在另一个位置来看待一件事情，比如一家企业的负责人、一所学校的校长在公众场合发表演讲的时候，身份的特殊性要求演讲者在发表观点时，充分考虑组织的利益和言论的严谨性，充分满足组织的需求与期待，这就是他我。

演讲者应该力求达成自我与他我的平衡。明确自己在本次演讲中的身份，才能说出合乎场合要求的合适的话，认真准备和独立思考，找到自己的特色，才有拿得出手的礼物。演讲中，自我和他我缺一不可，不可偏废。

2. 局内和局外

所谓局内和局外，是指演讲者与演讲内容之间的关系。演讲者与演讲内容是直接相关的关系时，就是"局内"。例如演讲者讲自己的故事或者经历，是局内；演讲者讲述自己的思考所得，是局内；演讲者讲述自己专业领域以内的东西，也是局内。相反，演讲者与演讲内容没有直接关联时叫作"局外"。演讲者讲别人的故事，是局外；演讲者评论新闻事件，也是局外。

局内和局外是一种身份定位，表明演讲者是否有资格来讲这些内容，演讲者是否能对所传递信息的可靠性负责。很显然，讲医学健康问题，医学专家更有说服力，因为这是他的领域，他是局内人；讲企业发展，知名的企业家可能更让人信服，因为他们是业内人士；同样是看新闻，我们更愿意看央视新闻联播，而不是某些不知名的微信公众号，因为中央媒体更具有公信力。这就是局内与局外的区别，这也意味着我们在听演讲的时候，也要从局内和局外的角度对演讲者进行考查和鉴别，确保我们所听的信息是真实可信的。

对于演讲者来说，要做局内人，不做局外人。因为局内人的讲述更加可信，更加生动真实。同样讲述一件事，人们更相信亲历者，而非转述者。这就告诉我们，在选择演讲话题和内容的时候，演讲者应该尽量做局内人。首先是选择自己专业领域内的话题，增强自己的权威性；其次是多选取自己亲身经历的故事。也就是说，演讲者应该尽可能证明自己与演讲内容的直接相关性，以增加演讲的可信度。当演讲者做主题分享时，有时候不得不引用一些与自己无关的事例，那就应尽可能提供这个故事的可靠性的证明。例如一些来自公众人物的家喻户晓的故事或者言论，是可查可考的。

另外，从讲述方式上说，演讲者尽量不要用旁观者的态度来讲述一件事情。这可以从演讲者说话时所采用的人称看出来。我们应该多用"我"和"你"这两个人称，因为这些人称在交流中会很容易拉近演讲者和现场听众之间的关系。"我"和"你"就是局内人，"他"就是局外人，所以多用"我"少用"他"，讲"我"的故事远比讲"他"的故事更加能打动人。这是很重要的一种讲述技巧。

3. 分享与说教

演讲者要善于处理听众和自我的关系，这就意味着我们首先要明确演讲者是什么样的人。演讲者是理念的分享者，是知识信息的传播者。既然是分享和传播，那么演讲者与听众之间就是平等的关系，不存在上级对下级、老师对学生的关系。明确这一点，有利于演讲者给自己一个科学合理的定位。

首先，演讲者要做到尊重自己。这包括尊重自己的独立思考，尊重自己的价值判断，不要为迎合别人的好恶而轻易否定自己。分享本身是没有对错的，不必一定要说服别人，保持给予的心态就很好。参加演讲比赛也是一样，保持锻炼和学习的心态比争强好胜更容易获得成功。尽管我们希望演讲能影响和说服别人，但这并不意味着靠迎合他人的口味来改变自己。我们首先得成为自己，独立自主地进行思考，才会有有价值的发现。演讲的内驱力来自对话题的兴趣和对分享的强烈欲望。

其次，演讲者要做到尊重听众。听众是演讲者交流的对象。分享应该建立在平等的基础上。有的演讲者把自己当成了老师，把听众当成了学生，把平等的分享变成了一种居高临下的说教，经常用一些"你们应该……""你们必须……"

等句式，会让听众有压抑感，不利于输出观点。有时候演讲者认为自己的言论不容置疑，这也不是演讲者该持有的态度。

最后，演讲者要做到勇敢表达。人云亦云从来不是演讲者该做的事，敢于说实话、说真话才能体现演讲者的责任和担当。优秀的演讲者应该是有独立思考精神的人，同时善于研究听众，能够立足于自己的思考说出听众爱听的内容。一个人只有找到自己真正想说的，才能找到"说"的灵感；只有先打开自己的心扉，才能打开听众的心扉。

3.1.3　演讲者的三种境界

对于一场演讲而言，演讲者是非常重要的。我们之前了解到，一场演讲的水平高低有一定的评判标准，对于演讲者也有一定的评判标准。这里将演讲者划分为以下三个层级。

1. 讲述者

对于大多数演讲者而言，准备好一篇演讲稿然后讲出来，并非一件难事，这也是我们通常采取的方法。讲述者专注于表达层面的"讲"，也就是说下大力气在表达层面。如何通过声音、表情等各种手段充分表达出演讲稿的内容，是讲述者关注的重点。我们所看到的新闻播报、美文诵读、趣味配音等都属于表达层面，讲述者重视依据已有文本材料进行舞台呈现。对听众而言，这样的演讲能够带来审美的体验。这是演讲者的第一个层级。

2. 思想者

同样作为演讲者，思想者与讲述者的区别就在于，思想者不止于讲述本身，更重视个人的身份定位和演讲内容的独创性。思想者对所讲述的主题和内容进行过深入的思考，结合自己的生活实际加入了自己的独特体验和创造，更加重视演讲内容的价值。我们经常看到一些行业内人士做主题分享，他会结合自己的工作实际讲出很多有价值的观念和经验，对听众具有启发思维的作用，使听众有所收获。这样的演讲具有鲜明的思想性和个人特色，能够发人深省，具有很强的知识和思想传播功能。这是演讲者的第二个层级。

3. 行动者

唤起行动不仅是演讲的目标，也是演讲的重要功能。演讲就是要唤起听众改变世界的热情，并引领行动的力量。我们常说某人用生命在演讲，其实不是说这个演讲者的情感多真切、言语多生动，而是指他本身已经是一个行动的榜样了。我们现在常常看到新时代的道德楷模、荣誉奖章获得者等人的演讲，对他们来说，演讲的形式和技巧已经不那么重要了，因为胜过言语的是榜样的力量。他们不只是演讲者，更是行动者。真正能引发听众热情的，也不仅仅是语言和思想，更重要的是演讲者的行动。

对于每个演讲者来说，会讲不是最重要的，而将思想变成行动，用演讲引领风尚，才是演讲者追求的真正目标。因此，演讲者不应该仅仅是讲述者，更应该是思想家和行动者。

思考与训练

1. 演讲者作为信息的传播者，如何做到信息的有效传播？
2. 演讲者应该如何进行角色定位？
3. 演讲者的 3 个层级是什么？

3.2　演讲者的素养

演讲者应该明确自我定位，加强个人修养，使自己成为一个合格的演讲者。总的来说，演讲者需要加强 4 个方面的素养。

3.2.1　演讲者的道德素养

演讲者作为信息的传播者，其语言势必对听众产生影响，因此尤其需要对自己的言论采取负责任的态度。演讲者的道德素养包括以下几点。

1. 确保演讲的目标符合社会伦理道德

在古希腊，演讲者具有很高的社会地位和很强的影响力，演讲者的观点可以影响民众的判断并决定国家的政策方向。哲学家柏拉图在《理想国》中描述了当时所有的演讲者都必须遵循的一条原则，那就是坦诚并专心致力于社会的繁荣进步。可见，演讲者必须拥有一种"大我"的高尚情怀和强烈的社会责任感。

2. 认真准备每一次演讲

毫无准备地去演讲不仅容易失败，浪费向众人证明自己的机会，也会耽误听众的时间，是一种不负责任的态度，不符合演讲者的道德规范。对演讲者来说，每一次演讲都承担着一份责任，怀着认真的态度才能取得成功。认真准备每一次演讲，就是要认真地选择话题，认真地思考，认真地写出思路，认真地练习。

3. 自己撰写演讲稿

演讲是一种信息传播，传播者需要对自己的言论负责。演讲者的言论代表的是演讲者的立场，演讲者的身份是决定演讲可信度的关键因素，这就要求演讲的内容必须反映演讲者本人的思想见解。演讲稿应该是演讲者个人思想、经历、价值观、生命体验、生活积累、向往追求的一种体现。同时，自己撰写演讲稿更便于记忆和发挥，在演讲的时候才能更好地把握节奏，向听众呈现最好的状态。

因此，如果是把别人的演讲稿背下来然后讲出来，即使在表达上使用的是演讲的形式，这种行为也依然不属于演讲，而是朗诵。同时，演讲者要保证演讲稿的原创性，应该拒绝剽窃他人的观点和内容。当我们需要引用他人的观点和内容时，应该进行说明。

4. 确保如实讲述

在演讲的内容上，演讲者要采取谨慎负责任的态度，确保所说如实，敞开心扉，真实地对待自己，诚实地对待他人，这才是真正分享的态度。

不管讨论何种话题，道德素养更高的演讲者更能赢得听众的信任，这是毋庸置疑的，同时也是演讲者本人的身份和品行为演讲带来的可信度。演讲者应展现出自身的优秀品质，展示出可信赖的形象，传达出为听众着想的善意，以及通过演讲内容展示自身的远见卓识。

3.2.2　演讲者的心理素养

演讲者要具备良好的心理素养，敢于表达。很多时候我们害怕演讲，是因为害怕收到负面的评价，害怕出丑，害怕遭到质疑和嘲笑。甚至没有什么原因，我们就是感到紧张，甚至出现手心出汗、身体发抖等生理反应。这并不是个例，而是一个普遍现象，每个人几乎都会在第一次演讲的时候或多或少地出现紧张的情况，没有经过演讲训练的人，面对公众讲话时的适应能力较弱。解决的办法其实也很简单，就是多次的不断的训练以重塑自我，这个重塑的过程也需要我们勇敢。当你不断地在公众场合讲话，适应不同的场景，那么在经过多次成功的演讲后，你的适应能力就会提升，你就像开发出了自己的一项新的能力。只要演讲者敢于表达，接受挑战，就是重塑自我的开始，只要有多次成功的经历和体验，演讲者就有可能摆脱恐惧，最终成长为一个内心强大的人。所以，演讲可以带给人们一种自信的力量。

　　演讲者要具备良好的心理素养，体现在勇于分享。我们为什么要演讲？是源于与人交流与合作的需要。当需要获得人们的信任和支持时，人们通常需要通过演讲来实现。人类的智慧就是从思想的碰撞和交流中诞生，再由语言传播出去，最后传承下来。因此，演讲者对所讲述的话题应该是充满分享的热情和渴望的。把自己的想法和思考分享给他人是一个美好的过程，是演讲者发表演讲的真正的内驱力。找到了这种内驱力，我们就找到了演讲激情的来源，就能找到正确的方向。以分享为目标进行演讲，就是正确的演讲心态，也是有效克服紧张、达到忘我境界的金钥匙。

　　演讲者要具备良好的心理素养，体现在自我宽容。不追求完美，认清演讲不可控的现实，做好足够的心理准备以随时应对可能出现的突发事件，是演讲者应有的心理状态。每一场演讲，都可以无限接近完美，但没有任何一场演讲是完美的。所有的演讲都是不断出现问题和不断解决问题的过程，都充斥着无数的不确定因素，比如听众的反应如何，是否如你所期待？话筒效果如何？PPT的播放是否顺利？音乐的切入时机是否恰当？即使你已经准备得足够充分，也有可能出现各种问题。那么，这些问题你准备好应对策略了吗？现场演讲本身就具有很大的随机性，如果对自我要求太完美，要求一切如自己所愿，就会带来很大压力。只有带着解决问题的心态走上演讲台，遇到问题不怕不慌，才能够真正做到掌控自如。在电视剧《最美的青春》中，主人公覃雪梅回母校演讲，上台却发现忘带演讲稿了。但她没有慌乱，很快镇定下来，开始了一场精彩的即兴演讲，并打动了现场所有人。她的开头是这么说的："对不起啊！同学们，我把发言稿弄丢了。不过没关系，发言稿虽然是我认真准备的，但是难免程式化，不够生动，我想即兴的发言也许会更有意义。"

3.2.3　演讲者的语言素养

在演讲活动中，语言是演讲者自我表达的基础。语言的功能并不仅仅在于传递信息内容的本义，它还可以通过声调、语速、音量、节奏等传递与演讲者相关的背景信息。即便是同一信息内容，用词的粗俗或礼貌、声音的有力或无力、语气的坚定或犹豫、节奏的快慢等，都会引起听众的不同反应。哲学家尼采有句名言："对语言的理解不仅仅限于词句，而是连同语句的声音、强度、变化、速度——并表达出来——简而言之，就是言语背后的音乐，就是发自内心的激情。"这就是综合运用语言的能力和素养。

演讲者不仅需要具备语言表达的能力，更要追求有效表达。演讲作为一种有目的的说话行为，演讲者理应思考"我在说什么？""怎么说才有效？"。什么是有效表达？当演讲者讲了一小时，听众还是云里雾里，听不懂也记不住任何信息时，这样的表达就称为无效表达。这样的表达一定存在很多问题。问题可能来自演讲的内容层面，如内容过于深奥、专业术语过多，很难听懂；也可能来自演讲的表达层面，如演讲者的口音很重，或者说话方式不对，声音小或语速、节奏不佳。这样的演讲即使内容很深刻、干货很多，也无法给听众留下深刻印象。

同样，如果一个人只讲了几分钟就给听众留下深刻印象，听众不仅听见了，还听懂了、理解了，这种表达就叫作有效表达。无论在什么样的场合、出于何种目的，有效表达都是演讲者追求的目标。这也正是孔子所说的"辞达而已矣"的语言表达境界。

要做到有效表达，需要在以下 3 个方面下功夫。

一要确保听众听得见。这是对演讲者声音的基本要求，包括演讲者声音的高低恰当和清晰，也包括表情动作、背景视频、音乐等足够准确清晰。

二要确保听众听得懂。听得懂是表达的最基本要求，包括在演讲的内容方面，演讲者所讲的内容必须让听众能够接受、能够理解；也包括在演讲的形式方面，演讲者可以使用一定的表达技巧来辅助理解，如使用合适的语言和手势动作，或使用一些道具来帮助听众理解内容。

三要努力让听众有所获。有所获是对演讲内容的要求。演讲是传播思想的工具，内容是演讲的核心。好的演讲具有说服力，可以引发听众的思考，带来实际的宣传效果，对听众造成影响。

美国某传播学者在 20 世纪 50 年代，就影响受众对大众传播节目选择的决定性因素提出了一个公式：

$$（受众的）选择或然率 = \frac{报偿的保证}{费力的程度}$$

公式中"报偿的保证"指传播内容满足选择者需要的程度，而"费力的程度"则指得到这则内容和使用传播途径的难易状况。也就是说，受众会不会选择这个节目、是否接受传播内容，与需要满足的程度成正比，与理解和传播的难易程度成反比。

这对演讲者的语言表达有诸多启示：我们应该让听众花最小的力气和成本，有所获，这样才有可能产生较好的演讲效果，从而达到预期目的。

演讲者都应尽可能做到语言紧凑、用词准确、条理分明、论点突出、心安神定。具体的方法如下。

（1）演讲的句子不应该过长，也无须过于完整，而应该短促有力。

（2）在观点和态度传播上，尽可能早地让听众听到核心观点，以免他们在接触观点之前因陷入细节之中而消耗了过多的注意力，或在猜测观点的过程中陷入迷茫。

3.2.4 演讲者的信息素养

信息素养，是一种合理合法地获取、评价、交流、加工、创造、管理信息的能力和品质。对演讲者而言，演讲的准备要认真充分，不可信口开河、无知涉险。要认真准备就离不开有效资料的获取，因此演讲者需要具备良好的信息素养，这里主要是指演讲者研究话题、搜寻有效信息、判断有价值信息的能力，包括以下两点。

1. 获取资料的能力和方法

这里主要是指从互联网或图书馆等平台获取资料的能力，以及访问、讨论、参观等方法。对众多演讲者来说，演讲主题多是组织方预设好的，无法进行改动。主题确定后，就需要有好的内容支撑。演讲者必须知道去哪些地方找资料，要能熟练使用各种信息检索工具，利用网络数据平台和图书馆的丰富资源。同时，演讲者要能根据自己的演讲目的，熟练地运用访问、讨论、参观等获取一手资料的方法。

2. 筛选和处理资料的能力

演讲者完成了资料的获取，接下来要根据观点对资料进行取舍。这就要求演讲者对资料进行归纳、分类、存储记忆、鉴别、遴选、分析综合、抽象概括和表达等。

复旦大学新闻学院某教授认为："在当今时代，就像每个人必须掌握识字、阅读和写作能力一样，每一个个体还必须具备获取信息的能力、分析信息的能力、评估信息和传播信息的能力。这是信息时代每个人都应该具备的基本能力，也是公众素养的重要组成部分。从这个角度而言，公众的媒介素养绝对不是像花瓶这样的装饰品，而是社会发展的'刚需'。"

思考与训练

1. 演讲者需要具备哪些素养？
2. 演讲者的道德素养包括哪些方面？
3. 演讲者如何养成良好的心理素养？
4. 什么是有效表达？如何做到？
5. 什么是演讲者的信息素养？如何培养？

3.3　演讲者的风格

3.3.1　演讲者的语言风格

语言风格就是语言表达的风格，我们可以理解为说话的风格。这包括语速的快慢，如有人说话快，有人说话慢；还包括语言习惯、词汇使用，如有的人喜欢使用歇后语和幽默的语言，有的人喜欢使用成语或者专业术语等。语言风格本身并没有好坏之分，但我们可以从不同的语言风格中看到演讲者个性化的一面，这也是演讲者个人特色的一部分。

3.3.2　演讲者的表达风格

表达风格主要是一个人言语谈吐所形成的整体表达面貌，也就是我们常说的气质。演讲的表达分为有声表达和无声表达，声音是一种有声表达，眼神、动作和表情是无声表达。演讲者的信息传递不仅靠有声表达，也需要无声表达的辅助。但无论哪种表达，都共同起作用，来完成信息传递。有声表达诉诸听觉，无声表达诉诸视觉，听觉和视觉共同构成一个演讲者的表达风格。例如，有的人讲话的时候喜欢手舞足蹈，甚至走来走去，有的人不喜欢走动或者做手势，可能整场演讲都站着不动，或者只重复一个简单手势；又如有的人手势比较多、幅度比较大，有的人手势比较轻柔。这都与演讲者的性格和习惯分不开，不存在好坏之分。

3.3.3　演讲者的形象风格

在传播活动中，除语言和文字外，人们的姿态、表情、服装、发型、装饰品、携带品等形象风格也是自我表达的重要手段。它们虽不能发声，却可以代替语言传情达意，还可以微妙地传递语言难以表达的弦外之音。因此，我们不可低估外观形象的作用，有时它们所传达的信息可以形成传播中的第一印象。美国社会学家戈夫曼指出：“在若干人相聚的场合，人的身体不仅仅是物理意义上的工具，而是能够作为传播媒体发挥作用。”

演讲者的形象风格是指包括服装、表情在内的演讲者的整体形象气质观感，也就是我们常说的台风。但每个演讲者可以选择自己习惯和喜欢的风格。随着时代的进步和发展，人们愈发追求个性化，演讲者的形象风格越来越多样化。总的来说，演讲者的形象风格在适合自己的前提下，不仅要满足对个体美感的要求，还需要符合演讲场合的需要，满足演讲内容表达的需要。

思考与训练

1. 演讲者需要具备哪些素养?

2. 演讲者的道德素养包括哪些方面?

3. 演讲者如何养成良好的心理素养?

4. 演讲者的风格包括哪些方面?

本·章·小·结

从古至今,优秀演讲者对社会发展起着不可估量的作用。好的演讲离不开好的演讲者,好的演讲者需要长期积淀与实践历练。我们每一个人都可以在成长过程中进行演讲训练,全方位增强自己的素养,将每一次公开说话都视为演讲来进行,形成自己的独特风格。

本章习题

1. 从语言素养的角度分析不同演讲者的传播效果有何不同。

2. 就"责任"或者"偶像"这一主题,分小组进行演讲,展开小组讨论,从演讲者素养和演讲者风格两个方面对小组成员进行评价和建议。

准备你的
演讲

2

准备一场演讲，就像准备一次旅行。演讲者就像一个导游，带着听众们出发，一起前往一个地方。在这个过程中，演讲者需要事先精心策划，充分考虑旅途中的环节，调动听众的情绪，使他们始终紧紧跟随，最终到达目的地，并真正理解这次旅行的意义。准备一场演讲，就要学会从 3 个维度来构思演讲内容，绘制演讲地图。从哪里出发，到哪里去，走哪一条路，看什么风景，答案都在这张地图里。

4

第 4 章
构思演讲内容

本章学习目标

1. 掌握演讲构思的角度和方法。
2. 学会结合个人特点和听众需要，选择合适的演讲话题。
3. 学会区分不同的演讲目标，根据实际需要科学制订演讲目标。

课前热身 ●●●

如果想去旅行，你会做哪些准备？你会考虑哪些问题？如果不是自己一个人旅行，而是要带着自己的朋友或家人一起，你又会考虑哪些因素？介绍一下你策划过的一次旅行，讲讲你的体会。

准备一场演讲，首先要构思内容，这时有 3 个问题是一定要问的：讲什么？给谁讲？要达到什么目的？这就是演讲构思的 3 个维度，分别是话题、听众和目标。我们搞清楚了这 3 个问题，演讲的雏形也就具备了。

4.1 选择话题

所有的演讲都是围绕主题展开的，但主题并不等同于话题。对演讲来说，主题的范围更大，话题的范围更小。我们需要在大的主题下选择适合自己的话题，话题是由主题衍生出来的分支。对于演讲者来说，话题的选择非常重要，这关系到演讲具体讲什么、怎么讲。一般来说，演讲分两种：一种是指定主题演讲，另一种是自定主题演讲。

4.1.1 指定主题演讲

指定主题演讲，指演讲的主题已经定好了，演讲必须围绕给定主题展开。这样的演讲形式在演讲比赛中比较多见，演讲主题通常是活动主办方根据活动需要来确定，可能是针对某一个行业，可能是针对某一个纪念日，也可能是针对某一个群体。

指定主题演讲又分为显性主题和隐性主题。显性主题就是直接给出主题词，有时会给出主题的范围和具体解释，演讲比赛的通知上通常都会对主题提出明确要求。如 2021 年湖北省气象局发出了《关于开展全省气象部门"中国梦·劳动美——永远跟党走"职工演讲比赛活动的通知》，里面就明确规定主题是"中国梦·劳动美——永远跟党走"。这就是显性主题。

隐性主题指主题没有直接给出，而是暗藏在活动中。例如某个女性论坛上的演讲，虽然没明说主题，但肯定是跟女性有关的；婚礼演讲的主题肯定是关于爱情和婚姻的。这种演讲的主题都是暗藏在活动内容中的。

对于指定主题演讲来说，演讲成功的关键是先剖析主题，再进行立意。我们演讲的目的是完成对主题的诠释。这就需要对演讲进行立意。

（1）什么是立意?

"立"就是产生，"意"就是意图，你是怎么产生要来演讲的想法的？你到底想要跟听众分享什么故事或者讲述什么道理？你想诠释主题，那么采用什么样的角度和观点呢？这就是演讲的立意要考虑的问题。

尽管已经给定了主题，在立意上，演讲者仍然是有发挥的空间的，主题一样，但立意可以不同。立意的宽度和广度，体现出演讲者的知识面和思维的延展性；立意的高度和深度，体现出演讲者思想的高度和深度；立意的巧妙和创意，体现出演讲者的聪明和智慧。立意就是演讲的灵魂，是最能体现演讲者水平的地方。

（2）立意的原则

如何在指定主题下，对演讲进行立意呢？ 我们需要掌握一个原则：演讲者要有人物设定。

什么是演讲者的人物设定？这是一种演讲者的身份定位。作为青年大学生来说，学生是一种职业定位；青年人是一种年龄定位；所学专业是一种知识领域的定位；男女是一种性别定位；如果你是某项运动的爱好者，这也是一种定位，这些都属于人物设定。

我们需要解决我们在演讲中扮演什么角色，如"我"与演讲话题有什么关系等问题。如果你是篮球队队员，你可以讲述关于篮球运动给人带来的快乐这样的话题；如果你是足球队的前锋，你可以就前锋的战术和作用进行探讨；作为女性，你可以就女性在这个社会中所处的地位和发挥的作用发表看法。显然，你的身份可以增加听众的信任度。你的人物设定决定了你看问题的视角，所处的位置不同，观点就不同。演讲者的人物设定就是其特色，是区别于其他演讲者的一个重要标签，也是演讲者需要向观众明确的第一个信息。

例如，有很多企事业单位、高校都开展过红色故事宣讲大赛，这是典型的指定主题演讲。这样的演讲，如果演讲者只是找来一些红色故事，整理之后讲出来，即使讲得再生动，在演讲者的层级里也只能属于讲述者。因为演讲者只是履行了讲述的功能，只是故事的搬运工，这样的演讲稿谁都可以拿来讲，没有任何特色可言。那么，在这种主题下，什么样的演讲能够脱颖而出，获得听众和评委的青睐呢？

在某省举办的红色故事宣讲大赛上，有一个演讲者让人印象深刻。她是一名飞行员，讲述了新中国历史上一名优秀的女飞行员的故事。因为有共同的职业经历，她在讲述这个故事时与人物产生了高度共情。训练过程的艰苦，第一次飞上蓝天的喜悦，高空中执行任务的危险，演讲者都深有同感。在讲述的过程中，演讲者好几次红了眼眶。她是在讲那名女飞行员的故事，也好像是在讲自己的故事，她把自己放进了故事中，赢得了听众的阵阵掌声。她非常巧妙地把自己从"局外"变成了"局内"。在听众面前，她完成了一场跨时空的与历史人物的心灵对话，获得了很好的效果。她的演讲之所以显得与众不同，就是因为演讲者的人物设定使这场演讲具有了独特性。

某单位举办了一场以"信仰"为主题的演讲比赛，一个女性演讲者拿到了第一名的好成绩，她的演讲《父亲的信仰》可供借鉴。

《父亲的信仰》这场演讲之所以出色，在于演讲者对"信仰"一词的深刻思考。她用自己独特的经历，为听众讲述了她对信仰的理解。作为女儿，她讲述了自己父亲眼中的信仰；随着自己进入大学，走进父亲的母校，她对父亲有了更深的理解；当组建自己的家庭后，作为妻子，她看见爱人眼中的信仰。演讲者从不同的角度、以不同的身份对主题进行了思考和诠释，并且得出了自己的结论，给人留下很多的思考空间。

（3）立意的方法

在指定主题的演讲中，演讲者要根据特定主题进行立意，这里介绍三个方法。

第一个方法是"大题小做"。它具体是指我们在遇到宏大的主题时，一定要切近景，从细微的观察点切入才能"以小见大"。越是大的主题，切口越要小。

例如，2018 年是中国改革开放 40 周年，湖北省举办了大学生演讲比赛，要求结合改革开放 40 年来的变化，以"厉害了，我的国"为主题谈谈自己对于中国改革开放的理解。这个主题很大，中国改革开放包含的内容很多，不同的行业、不同的人群、不同的时期、不同的表现形式……5 分钟的演讲不可能讲全。就像《清明上河图》，这么大的一幅画，也只是展示了当时社会的一个缩影。这个时候，切口就显得尤为重要，力求"于细微处见真情"。因此，我们要运用"大题小做"的方法来构思演讲。

在这次演讲比赛中，来自华中师范大学的一个女孩脱颖而出，她有着独特的视角，她演讲的题目叫《吃人的天梯》。她上场的第一句话就是："如果不是真的到了那里，我永远不知道中国还有这样的地方……"她以这样的开头，讲述了自己作为实习记者去山区采访的一段经历，讲述了国家的精准扶贫政策带给"悬崖村"的变化，讲述了村中一户普通人家的脱贫故事。她的讲述真实动人，给人留下了深刻的印象。这场演讲的成功首先就在于演讲者有人物设定。她的人物设定就是新闻专业实习记者，她从实习记者的视角来看待这个世界。面对"改革开放"这个大的主题，她没有拍摄大场景，没有大谈特谈国家的变化和成就，而是选择了一个非常小的切口。当别人都在罗列国家发展的数据和成绩时，她选择了讲一个故事；当别人陷入口号式的抒情时，她在关心故事里这户人家的遭遇，为这个村庄的变化感慨。她甚至把镜头拉得更近，重点讲述了一个差点辍学的女孩。因为国家的精准扶贫政策，这个女孩能够走出大山，见识外面的世界。这是演讲者用演讲呈现给听众的画面。临近演讲结尾的时候，她把镜头逐渐拉远，拉到半空中，给我们展示了一个全景，让人们看见这户人家、这个村庄，看见国家的精准扶贫政策带给乡村的变化。于是她提出自己的观点："什么是改革开放？不只是体现在高铁飞驰、嫦娥飞天、高楼林立，改革开放就是为了让人们过上好的生活，让乡村的孩子有书读，让贫困的家庭有饭吃。一个国家越是强大，越能够体察弱小，正因为如此，我们才能说'厉害了，我的国'。"她用铿锵有力的结尾结束了整场演讲，并最终捧走了演讲比赛一等奖的奖杯。

这就是"大题小做"，即越是大的主题，切口越要小，自小而大，小切口里有大景观，小故事里有大精神。于细微处彰显伟大，这就是"大题小做"带给人的震撼。

第二个方法是"小题大做"。它具体是指某个新闻事件或者某个现象等社会场景中的局部。这样的主题如果就事论事，就很有局限性；拿到这样的主题时，我们要善于以小见大，不能局限在小的主题范围内，要善于扩展和拔高。我们经常说"窥一斑而知全豹"，要点在于我们看见这一个小斑纹的时候，能在脑海中想象出一个完整的豹子形象。也就是说，越是小的事件，越是要看到背后大的背景和主题。例如从普通的小事件中看到大道理，从平凡的小人物身上看到大精神。这种方法经常用在事件和现象评述中。我们知道，任何事件和现象背后都一定是有社会原因的，也反映出一定的社会问题，透过表象看见本质，看到背后深层次的社会问题，然后对这一社会问题进行思考并总结和提炼出自己的观点，这才是"小题大做"。

《中央广播电视总台 2019 主持人大赛》的"即兴评述"中的题目都是事件评述类，要求对一个简单的新闻事件进行 90 秒的即兴评述。那么，能否看出这个简单的新闻事件背后的社会问题，能否看出这个小切口后面的大画面，能否提炼观点、精彩立意，就是检验一个人能力的时候了。

某新闻主播在初赛的时候就抽到了这样一道题目：76 岁的大连退休老人刘增盛，为了不让工作负担很重的年轻人总给自己让座，在朋友的提议下，在腰间挂了一块写着"无须让座"的 LED 显示牌，一挂就是两年……题目只有一幅画面、一行文字，是典型的小切口。该新闻主播在 90 秒的即兴评述中这样立意：

"中华民族的一种重要传统和精神就是'尊老爱幼'。刘增盛老人的举动对年轻人来说是一种'情分'，而年轻人给老人让座是一种'本分'。这种'情分'和'本分'的相互交融使我们的社会得以发展。老人的行为点亮了我们对老人的关注，老人在给予年轻人关心和关爱的同时，更是点亮了我们所有人对社会向善向美的憧憬和期待……"该新闻主播的提炼非常精彩。大多数人从这个事件里都能看到中华民族"尊老爱幼"的传统美德，而这个现象反映的其实就是"爱幼"这个小切口部分，特指老人对青年人的关爱。看到这里只是看到了背后的社会问题，还没有形成观点，这不算是完成了立意。该新闻主播就用"情分"和"本分"这两个词提炼出了问题的实质，表达了"这个行为点亮了我们所有人对社会向善向美的憧憬和期待，这种爱的交融使我们的社会得以发展"的观点。这实际上就是对一个小举动进行了社会层面的拔高，看到了背后深层次的推动社会发展的力量。这就是"窥一斑而知全豹"，这就是把一个小事件放到一个大的背景中去看待，这就是"小题大做"。

2016"知音杯"全国演讲大赛的主题是"知音"。高山流水遇知音的故事人人知晓，"知音"可以理解为"朋友"。这个主题不大，怎么去立意？大赛中的一位湖南选手，用他的演讲对"知音"做了自己的诠释。他的演讲题目叫《因为知音》。

他用3个不同人物的故事，展示了自己对"知音"这个词的独特思考和理解。他从知音中看到了理解和懂得的力量，他把友情扩大为一种大爱，包括对普通群众的爱、对劳动者的关爱、对工作的热爱，这就进一步把主题扩大化。他最终提炼出自己的观点："只要你愿意倾听他们的故事，做他们的知音，你就会发现个人的力量虽然微小，也能召唤出大感动与大智慧。"他在结尾提出倡议，如果大家都能用知音的精神来理解他人，这个世界就是充满爱的和谐世界，从而对主题进行了拔高。这就是"小题大做"。

第三个方法是"破题重立"。此方法主要培养我们的创新思维，即创造性地对演讲主题进行诠释，以求在立意上创新。

创新的方法有很多，这里介绍两种常用的方法。

第一种是旧题新解，即可以对主题词进行新的诠释和理解，使听众耳目一新。

在2016"知音杯"全国演讲大赛中，一个叫王某的大学生穿一袭婚纱上台演讲，演讲的题目叫《我愿意》。她开场的第一句话就是："感谢大家能接受

知音杯演讲比赛决赛
案例

我以这样的方式出场。大家可能会奇怪，小姑娘怎么穿着婚纱就出来呢？可是我想说，这已经是我第二次穿上这身婚纱了。第一次是在 2012 年，爸爸怕被病魔缠身的我，这辈子再也没有机会穿上婚纱，在医院的病房里为我举行了一场没有新郎的婚礼……"她讲了一个自己与癌症抗争的故事，她把癌症比作"知己"，用她自己的话说就是"之所以称它为知己，是因为它真的很了解我，知道我胆小、爱美、爱哭，更重要的是它一定知道我怕痛"。她描述了自己和这个"知己"从相识、抗拒、接受、勇敢面对直至相伴为友的过程，表达了自己在病痛中对生命的独特体悟和感知，表达了化敌为友的坚强和勇敢。演讲者对"知音"这个主题词有创造性的理解，用自己的生活经历进行了生动的诠释，让人耳目一新。她最终在全国总决赛中获得了一等奖的好成绩。

总之，立意就是看演讲者对主题的理解，巧妙的立意能让演讲别具一格。

第二种是主题延展。例如演讲大赛要求以"读书"为主题，乍一看，读书没什么好讲的，无非是读书使人进步，读书让人增长知识等。其实不然，关于读书，可讲的有很多。所谓读书的主题只是个引子，演讲者可以从读书延伸到很多方面。例如书籍的种类有很多，涉及文学、艺术、哲学、政治、经济、科学各个方面，包罗万象。如果就读书本身谈读书，那就把自己限制死了，讲不出什么新道理来。但是书那么多，你爱看的有哪些？你为什么爱读这本书？读书对你的生活和学习有什么影响？具体到每个人，就有了千万个不同的故事。也许读书陪你度过了某一段艰难的时光，也许读书让你明白了一个道理，也许读书为你解决了一个难题，也许读书让你做出了一个重要的人生抉择。就像某荐书人所说，人类所有的需求，我们都可以从书中找到解决问题的答案，或者至少是受到启发。当你由此及彼，学会拓展和延伸，会发现其实可讲的话题特别多。要明白，主题不是拿来设限的，而是一个引子，演讲者要善于将主题引到自己擅长的话题上去，讲述自己的故事，分享自己的体验，这才是我们在主题范围内拓宽思路的方法。

某年，在湖北省图书馆举办的长江读书节全国讲书人大赛中，有一位叫蔡某的选手，他选择的书是《阿甘正传》。看起来他是在讲书，其实书只是个引子，

长江讲书人蔡乐案例

他讲述的是自己的故事，以及自己对书的理解。对演讲者来说，讲自己的故事是一种简单而又深刻的表达方式。

对于指定主题演讲来说，立意的方法有很多，但原则一定要把握好，那就是演讲者首先要有人物设定，然后才谈得上有观点和思想。无论我们是往哪个方向去延展思路、创新观点，脚下的基石都是演讲者的人物设定。这是演讲与众不同的重要标签。

4.1.2 自定主题演讲

自定主题演讲是与指定主题演讲相对的一个概念，意思就是演讲没有设置固定的主题，主题由演讲者自己选择。演讲者擅长什么、喜欢什么，都可以作为演讲的话题。例如演讲课堂上，同学们可以选择自己喜欢的话题来演讲，如社会生活、新闻事件、个人成长、节日庆典、读书运动等，主动权在自己手上。

对于自定主题演讲，我们的选择范围会很大，通常来说分为两种：一种叫作"自我剖析式"话题，指演讲内容主要是自己熟悉的领域，讲自己的故事；另一种叫作"探索发现式"话题，指演讲内容是自己不熟悉但是比较感兴趣的领域，可以对这些未知领域进行探索和研究，经过思考得出一些有价值的结论，与听众分享。

话题本身并没有好坏之分，但却有难易之别。我们采取的方法是首选自己熟悉的话题。因为熟悉永远是讲好的前提，对于自己熟悉的领域，我们有更多话可说，也有更多实践经历和经验。

1. 讲自己的故事

人们在讲自己的故事的时候，才容易展现真实的状态，不但有自然的仪态，而且还有打动人心的力量。讲自己的故事需要的技巧是很少的，讲自己的故事有以下两个优势。

（1）讲述亲身经历的故事会更生动感人

当演讲者讲自己的故事时，立场和角度是亲历者和感受者，浮现在脑海中的是画面和场景，演讲者会自然地调动各种感官，把所有的细节都呈现给听众，听众很容易被带入情境中。基于人的体验来讲述是非常人性化的讲述方式，演讲者的体验很容易转化成听众的体验，这种讲述方式更直观，演讲自然而然地变得生动、吸引人，从而更容易获得听众的好感。那些记忆里美妙的瞬间，听众会看到，那些笑容和眼泪，也会同时呈现在听众眼前，这就是有生命的故事所具备的魅力。这样的演讲会更容易赢得听众的信任和共鸣。随着故事的进展，演讲者可以同时展现个人的亲和力、决断力、影响力，用故事就可以轻松达到取得信任和说服听众的目标。

（2）讲述亲身经历的故事会更有活力

要赋予演讲以生命，真正让演讲活起来，演讲者需要具备一种内驱力。大多情况下，只有讲自己的故事的时候，演讲者的情感才会活泛起来，与听众的交流才会灵动起来。讲述亲身经历的故事有个很大的好处，就是不会忘词。因为人很难忘记自己所经历的重要时刻，那些故事不需要刻意去记忆，是信手拈来的。

那么如何讲好自己的故事呢？我们可以借用哲学领域的三大问题来启发自己：我是谁？我从哪里来？我要到哪里去？这些问题可以给演讲提供一个很好的思路，用于整理自己的故事。

① 我是谁？

每一个人走上演讲台的时候，都是带着个人身份和标签的，这就是前面所讲的演讲者的人物设定。不过于自夸，不过分自谦，客观地看待自己很重要。在演讲中，演讲者要展示什么角色和身份，需要结合演讲的主题和目标来确定。例如，某企业家在一次以"企业发展"为主题的演讲中这样介绍自己："社会上对我有很多称号，那些称号都是别人给我的，并不代表真正的我，我就是一个卖空调的，我就是想把空调卖好。"这样的自我定位很容易与主题结合起来，如接下来就可以谈谈企业营销及发展的战略问题，同时还给人一种不浮夸、不造作、务实坦荡、真实真诚的感觉。所以，回答"我是谁？"这个问题并不是要吹牛。有人可能觉得名头越多、越大，越有利于自己的演讲，事实并非如此。演讲者并不是高高在上的，好的演讲一定是接地气的、和听众平等交流的，演讲者一定是带着分享的态度，向观众展示自己真实的一面：一个普通的奋斗者、某一事件的经历者、一个热爱旅行的人……演讲者的自我定位越接近听众，越接近普通人，演讲就越容易引发听众的共鸣。所以，作为演讲者，"我是谁？"是我们要回答的第一个问题。

② 我从哪里来？

这个问题可以理解为第一个问题的扩展话题，也就是"我是怎么成为我的？", 又或者说"我是怎么成长为今天站在舞台上的我的？"。这里要讲的就是自己的人生经历,那些影响自己的观念和选择的重要故事和瞬间。对于每个人来说,这样的故事是很多的。可以从童年说起,每个孩子都有自己人生中的第一个偶像,在每个阶段可能都会树立不同的梦想。我们遇到的很多人,可能都给了我们不同的影响;我们读的每一本书、看的每一部电影、听的每一首歌,可能都成为塑造今天的我的要素。除此之外,专业的选择、职业的选择,这些都是我们人生路上的不可磨灭的印记,都有值得我们回忆的故事。这些故事就是演讲的素材,我们要把这些故事找出来,把重要的瞬间回想起来、记录下来。我们可以培养写日记的习惯,当翻开日记本的时候,读的不仅仅是日记,也看见了曾经的自己、真实的自己。

③ 我要到哪里去?

有了前面两个问题的积累,回答这个问题已经是顺理成章了。其实这个问题是要得出结论和目标的问题,可以理解为"我今天为什么站在这里演讲?""我要表达什么主题?""我的目的是什么?""我的观点是什么?"。要回答好这个问题,必须对从前两个问题中得到的素材做充分的梳理,结合演讲主题进行思考,然后把自己的观点表达出来。

"我是谁?""我从哪里来?""我要到哪里去?"这3个问题具有逻辑性,可以理解为对自我的梳理和思考,这些问题可以扩展出很多的内容。因为一个人必然是丰富、多维的、立体的,不同的身份下你可能呈现出不同的样子,你处在不断发展变化中,不同时段的你也会不同。你可以谈自己的童年故事、自己的青年梦想、自己的经历和变化,还可以谈自己的爱好,如热爱音乐、热爱旅行、热爱骑行……所以,一场"自我剖析式"的演讲可以很短,也可以很长,你可以根据演讲主题的需要、听众群体的不同,加入不同的内容。但原则在于,一定要根据演讲主题有侧重地组织语言,选择讲什么、不讲什么,选择讲得详细或者简略。这就可以结合前面所讲的目标思维法来进行内容的倒推和整理。

利用这3个问题,我们可以应对不同场景的演讲。

例如,大学毕业生去参加企业的面试时,自我介绍须围绕这家企业的某个职位的招聘需求来准备,我们就要对标要求中的人物形象来自查优缺点。你所说的每一句话都紧紧围绕一个目的:你希望来这家企业工作,你是这个职位最合适的人选。

如果你是一个创业者，要面对投资人演讲，通过这 3 个问题的梳理，你可以讲一讲你的创业梦想，你为什么做这件事。你可以通过讲一个或几个故事来表达自己的创业初心，故事里有你发现问题的过程，有你萌生想法的瞬间，有你努力付出的实践，还有你想要达成的目标。作为一个创业者，对"我是谁？"的思考尤为重要，包括自己的优势劣势、性格观念、生活态度，以及自己对未来的规划和畅想等。另外，需要什么帮助、希望怎么发展，都是需要进行梳理的内容。

总之，自己的故事是所有演讲者都必须准备的，这不仅有利于演讲者进行自我梳理，从人生经历中不断地加深对自己的认识和了解，也有利于演讲者在不同的场合选择不同的介绍方式，从而更好地展示自己。

2. 讲感兴趣的话题

对于感兴趣的话题进行探索和研究，是一个很有意思的过程。任何事物都可以成为研究的对象，任何发现都可以成为演讲的话题，且可以涉及社会生活的方方面面。这类话题又可以分为以下两种常见类型。

（1）知识分享型

知识的传播是这个时代最流行的话题类型，我们所看到的各种知识分享类 App，基本都是以知识的传播为主要内容的。大学生应该重视培养自己用演讲来进行知识分享的能力。

美国有一家私有非营利机构，其名称由技术、娱乐、设计 3 个英文单词（Technology，Entertainment，Design）的首字母组成。该机构以它组织的 TED 大会著称，这个大会的宗旨是"传播一切值得传播的创意"。TED 的创始人说："曾经，知识经济中的人说，你要保护如黄金般的知识，这是你唯一的价值。但是，当全球都联系在一起时，游戏规则改变了，每个人都互相关联，一切都会快速发展。知识传播出去后，会以最快速度到达全球各地，得到反馈、得以传播，而它的潜在价值是无形的。"于是，TED 邀请世界上的思想领袖与实干家来分享他们的想法。中国也有很多这样的演讲品牌或平台，我们可以在这样的平台上看到很多知识分享型演讲。

这个世界有太多值得我们去研究的话题，大学生除了学好自己的专业之外，完全可以去了解更多关于这个世界的奇妙知识，去探索和发现新知，通过演讲去传播和分享知识。这也是新时代演讲的重要功能。

（2）价值观输出型

作者认为，价值观是一个人生活、工作的思考方式和价值观念，是对生活本身的哲学思考，是一个人对待生活的基本态度。演讲不仅可以传播知识，更重要的是可以传播价值观。

北京大学建筑与景观设计学院的某位老师曾进行过一次题为《你的善良必须带点锋芒》的演讲，他演讲的话题是城市里那些不便利的设计，倡导人们去发现和改变它们。该老师用演讲传播了城市设计的知识，同时也输出了一种理念：守护城市的美好，人人有责！

某演说节目冠军的演讲《寒门再难出贵子》点击量过亿，我想很重要的一点就在于她所选择的话题——人的价值的自我实现。她的心里有一个"自我实现"的奋斗梦，她用自己的奋斗故事和充满正能量的积极向上的姿态，喊出了"命运给你一个比别人低的起点，是想告诉你，让你用你的一生去奋斗出一个绝地反击的故事"。这就是典型的价值观输出型演讲，她用自己的故事和思考，给了很多人勇气和力量。

有时候，知识的分享和价值观的输出也是密不可分的。

某企业家曾有一段演讲，谈到了科技和人生的价值。他说："小时候，人们常会问我长大要做什么，我其实也不知道。后来我想，搞发明应该会很酷吧，因为科幻小说家亚瑟·查尔斯·克拉克曾说过，'任何足够先进的科技，都与魔法无异'。想想看，300年前的人类，如果看到今天我们可以飞行、可以远距离沟通、可以使用网络、可以马上找到世界各地的资讯，他们一定会说，这是魔法。要是我能够发明出很先进的东西，不就像是在变魔法吗？我一直有种危机感，很想找出生命的意义、万物存在的目的。我最后得出的结论是，如果我们有办法让全世界的知识愈来愈丰富，那么，我们将更有能力提出更好的问题，提高全人类的智慧，为建设更高层次的集体文明而努力一生，这就是活着的意义。"

选择演讲的话题就像选择去哪里旅行，我们可以去一个曾经去过的、自己很熟悉且喜欢的地方，也可以去一个从未去过的，但很关注、很向往、很感兴趣的地方。或者我们也可以来一场说走就走的旅行，只选择一个大方向，然后期待在旅途中有新的发现。但无论选择哪里，我们都应该认真准备和探究，以期送给听众一份有价值的礼物。

思考与训练

1. 指定主题演讲分为哪几种？指定主题下如何进行立意？

2. 什么是演讲者的人物设定？如何确定人物设定？

3. "大题小做"和"小题大做"有什么区别？

4. 自定主题演讲类话题分为哪几种？有什么特点？

5. "自我剖析式"话题如何进行自我梳理？

4.2　研究听众

需求是一切沟通和谈判的初衷，了解需求是演讲成功的关键。

对任何演讲来说，研究听众都是第一步。如何把自己感兴趣的话题变成听众感兴趣的话题，这是演讲者需要思考的问题。只有把听众的需求和自己的话题结合起来，才是好的演讲。

4.2.1　分析听众信息

要了解听众的需求，要问几个基本的问题。

一是场地与规模。场地大小影响到演讲者的控场效果。越大的场地，人们越难看清楚演讲者，互动的难度会大一些。这时以演讲者讲述为主，互动的方式和频率要产生相应的变化，甚至演讲者的背景视频等都要根据现场情况做相应的调整。场地较小、人数较少的情况下，听众互动可以更多，演讲者的控场能力提升，会更轻松自如，演讲者可以根据现场效果增减演讲内容，从而体现针对性。

二是听众群体特点。例如民族、年龄、性别、行业、知识水平等。

每一个民族都有自己独有的文化，作为演讲者，我们应该针对不同的民族文化做好相应的准备，例如有关民族禁忌的话题不能谈。

不同年龄段的人对演讲的语言、内容的需求也不一样。例如年轻人多关心时尚的话题，喜欢聊梦想，爱使用网络语言；中年人更关心事业和家庭，重视教育，对经济和政治更感兴趣，喜欢传统的语言表达。我们需要根据听众的年龄来选择演讲主题、故事案例、语言形式，甚至语速和演讲的状态都是不一样的。

听众的性别占比也会影响我们的演讲准备。男性和女性的思维方式和生活观念通常不一样，女性更感性和细腻，男性更理智和开放。

有时演讲是针对某一特定行业的，例如医疗系统和互联网公司这两个不同行业的从业人员具有明显的区别。医生作为专业技术人员，更谨慎细致；而互联网从业人员往往思维更跳跃、更感性，对流行趋势和热点事件更敏感。因此，我们的演讲内容需要有所区别，至少在开场方式和案例内容上都要有不同的准备。

评估听众的知识水平至关重要，听众的知识水平决定了演讲内容的深浅程度。面对专业人士，我们可以讲深一点；大多数时候，面对普通听众，我们应该把演讲内容的理解难度降低一些。不要为了显示自己的博学和专业，刻意地使用一些专业术语，简单易懂是对听众最大的尊重，也是演讲者水平高的标志。把复杂的道理简单化，让每个人都明白，这才是演讲者该做的事情。

有的时候，面对不同的听众，我们需要做不同的准备，这当然比较困难，但困难里也藏着机遇。在一次经济学论坛上，现场听众的类型比较复杂。有一个演讲者恰到好处地利用了这一点，他在开场的时候采用现场调研的方式采访了不同背景的听众对同一个问题的看法——例如花钱的方式，以此来引出所要阐述的经济学话题。这其实就是很好地利用了现场听众的不同背景，带动了现场气氛。

三是主办方预期。大多数演讲活动都是有主题的，主办方必定想要达到某个目的，以凸显演讲活动的意义和价值。作为演讲者，当被邀请参加演讲活动时，即使已经知道了活动的主题，也一定要积极与主办方沟通，了解清楚这次活动想要突出什么、达成什么，甚至活动的具体流程，邀请了哪些嘉宾，演讲者有哪些，出场顺序是什么，等等。有经验的演讲者甚至能根据演讲顺序和嘉宾准备一个有创意的开场白，使演讲气氛更好，以期更好地达成目标。

四是问题预判。凡事预则立，不预则废。预判问题并思考解决方案，这是演讲前需要做的事。思考听众对演讲话题可能会有什么样的想法，在哪里可能会有疑问，演讲者才能提前做好准备。例如关于梦想的话题，不同年龄段的人可能会有不同的理解，我们通过了解听众，就能预测听众对这个话题的普遍认知和看法，有的放矢地进行准备。演讲者可以在演讲开场的时候设计几个问题与听众互动，根据听众的反应，再采取合适的方式切入主题。因此，预估听众可能的反应是为了让演讲者多设想几种可能性，这样才能更好控场。另外，从演讲构思的角度来说，了解听众对某一个话题的理解情况，有助于我们进行观点的创新，更好地立意，使演讲内容更加独到新颖。

4.2.2　运用听众思维

演讲要吸引听众，演讲者就要运用听众思维，模拟听众立场，想听众之所想，关心听众之所关心。

所谓听众思维，是指演讲者站在听众的角度来思考问题，回答听众"为什么要听你演讲？"这个问题。对于听众而言，听演讲是需要付出成本的，这个成本包括时间和注意力，也包括经济学中所说的机会成本。听众当然希望这种付出是有价值的，希望有所收获。

要提升演讲的价值，演讲者就要做到从听众的切身利益出发来准备演讲内容，简单来说，就是讲跟听众有关的、对听众有用的。

1. 跟听众有关

演讲前先要回答听众"为什么要听你演讲？"这个问题。演讲者感兴趣的话题听众不一定感兴趣，那演讲者就要想一些办法，让演讲的话题跟听众建立某种连接，让他们感受到这个内容"跟我有关"。

什么样的内容会迅速跟听众建立连接呢？我们需要了解听众的普遍需要。这个可以借助马斯洛需要层次理论来思考。马斯洛是著名的心理学家，他对人类的需要进行了划分，把人类所有的需要从低到高划分为 5 个层次。**第一是生存需要**，也就是解决吃穿住用行等基本生存问题的需要，这是人活下去最基础的需要。**第二是安全需要**，除了吃饱穿暖，人还需要保障自身安全，需要道德和法制，这是人的基本需要。**第三是情感需要**，人都有朋友和家人，每个人都需要友情、爱情、亲情，这是人类幸福感的极大来源。**第四是自尊需要**，人需要被尊重、被信任，需要获得社会的接纳和认可。**第五是自我实现的需要**，也就是人都希望自己拥有能力和价值，不断追求进步。

不管是什么样的听众，总会有某一个层次的需要。通过研究这些需要，我们基本可以总结出演讲话题吸引听众注意的四大连接点。

一是生活美学话题，包括食品安全、身体健康、公共交通、服装搭配等有关吃穿住用行的问题，因为与人们每天的生活息息相关，人们自然会关注。

二是道德法制话题，如果用社会的热点事件引出话题，也能有效吸引听众的注意。

三是情感话题，与情感有关的话题可能会引发听众的共情。

四是奋斗励志类话题，例如如何提升自己的各种能力、如何更好地适应社会、如何获得成功，这样的内容天然具有话题优势。

我们不一定要选择这些类型的话题，但我们需要思考演讲的内容如何通过这4个连接点与听众建立连接，即证明演讲的话题与听众有关。例如你要讲电动智能汽车是未来汽车发展的趋势，那么在演讲开场，你可以把这个话题和人们每天的生活场景结合起来，让听众感觉到演讲跟自己密切相关。这就是研究听众的意义。

2. 对听众有用

解决问题是演讲永恒的主题。演讲者要使自己的内容具有价值，就需要解决实际问题：演讲内容要么能解决人们的这个问题，要么能解决人们的那个问题，对听众有用才能真正赢得听众的心。演讲者提出问题的时候，就应该给出相关的解决方案，这样才能使听众感觉到这场演讲是有价值的。

在实际生活中，我们也许看见过这样的演讲：演讲者虽然激情澎湃，对演讲内容准备得也很充分，但听众感到枯燥乏味，听不进去。除了演讲时的语言表达问题之外，很多时候是因为演讲的内容没有跟听众建立有效连接。演讲者只是从自己的兴趣出发，没有回答听众为什么要听的问题。成功的演讲必然是尊重听众的体验，为听众带来价值的演讲。

例如，在2021年湖北省科普讲解大赛中，武汉大学中南医院的妇产科医生段某有这样一段演讲。她在演讲开场放了一段视频，视频中的护士抱着宝宝，对产妇的家人说孩子患有先天性心脏病；然后视频暗淡下来，玻璃破碎了，这个时候她开始了演讲。

"这样的悲剧每天都在上演。每当面对这些悲痛欲绝的出生缺陷儿家庭，我在惋惜难过之余，更多的是深感一份责任。

那么这样的悲剧，到底怎么样才能避免呢？今天，我想跟大家提出一个概念——三级预防，这也是世界卫生组织提出的预防出生缺陷最科学有效的策略。"

这段演讲一开场便吸引了听众的注意力，原因就在于它与每一个人相关，人们自然会关注与自己的生活和未来密切相关的话题。

跟听众有关、对听众有用，是非常有效的运用听众思维的方法，是我们在构思演讲内容的时候，为了让演讲更生动、更具吸引力所做出的努力，是在研究听众、分析听众信息之后所采取的使演讲更有效率的一种尝试。

总的来说，研究听众是演讲准备中不能省略的一步，对于所有的演讲者来说，征服听众靠的是对听众的了解。毕竟，听众才是一场演讲的裁判。

思考与训练

1. 做听众分析，需要收集哪些信息和资料？

2. 什么是听众思维？演讲者具体怎么运用？

3. 哪些是跟听众有关的话题？

4. 演讲如何做到对听众有用？

4.3　制订目标

在选定话题和了解听众之后，就要开始制订演讲目标了。演讲目标就是演讲所要达到的目的。设定好目的地，我们才知道往哪里走。这是演讲准备过程中重要的一步。

4.3.1　区分演讲目标

演讲的目标是什么？你会发现这个问题有很多个答案。例如参加演讲比赛，想获得冠军；参加面试考核，希望顺利通过；参加学生干部竞选，想获得更多投票；参加一次社交聚会，希望大家都喜欢自己；参加一次项目路演，希望能获得投资人的青睐……这些都可以是演讲的目标，但这类目标并不能指引我们完成一场出色的演讲。当我们去参加一次重要的演讲活动时，脑海里想着这些，会让我们紧张，甚至可能不利于我们的现场发挥。

因此，这样的目标不是真正的演讲目标。我们必须先明确两个概念——结果目标和话题目标，这是演讲的两个不同的目标。

所谓结果目标，是指演讲者进行这场演讲期望得到的结果，例如比赛得冠军。但这种结果是功利性的，并不直接和演讲的内容相关联。

所谓话题目标，是基于演讲话题的选择而制订的具体目标。这个目标与演讲的内容直接相关，对演讲过程有实际指导作用，具有可操作性。举例如下。

- 向听众介绍瑜伽运动对人体健康的 4 个好处。
- 向听众介绍智能汽车的发展趋势和未来对人类生活的改变。
- 向听众介绍自己的专业（如生命科学）研究对人类发展的 3 个意义。
- 向听众讲述自己从一本书（如《掌控演讲》）中获得的成长和因此做出的改变。
- 向听众介绍自己对学生宿舍管理存在的问题的看法和 3 点建议。

对于演讲来说，话题目标与结果目标是截然不同的。话题目标必须与演讲内容相关，可以指导演讲者在演讲过程中引导话题发展方向，它关乎演讲话题的意义、演讲的内容结构、演讲中观点演绎的过程。这样的目标才是我们要学会制订的演讲目标。

在体育竞技场上，运动员都需要承受巨大的心理压力。中国乒乓球运动员邓亚萍在她 14 年的运动生涯中，拿了 18 个世界冠军，是乒乓球历史上排名世界第一时间最长的女运动员。她在介绍自己面对压力的方法时说："专注在你的每一个过程，我会专注打好每一个球、每一拍、每一局……当你专注在每一个细节的过程当中，其实你就忘记你的紧张了，你的头脑已经放空了，被每一个当下所占据……"邓亚萍在平时的训练中、在每一次正式上场之前，都有一个习惯，就是不断地在脑海里计算和规划每一次发球和接球，与其说这是邓亚萍特有的减压方式，不如说这是她特有的思维方式。这种思维方式就是"解构性思维"。这种思维方式认为：不管是多难的事情，都是可以拆分成不同的步骤来完成的，只要每一步做到位，事情就可以圆满完成。邓亚萍在比赛现场，脑袋里想的就是打好每一个球，把握每一个当下，这个时候她关注的是事情本身，而非成绩。

在很多重要的演讲活动中，演讲者也面临着巨大压力，因而也可以运用解构性思维。无论多难的演讲，其实都是可以拆分成几个步骤的，只要所有的内容框架清晰，演讲者一步步完成，就会获得成功。

演讲中的解构性思维需要用到话题目标，因为话题目标主导内容的发展方向。按照目标思维法来说，我们制订了话题目标，就可以根据这个目标推导出一系列内容，通过不断丰富和完善，就能够形成演讲的内容框架。

4.3.2　制订话题目标

在演讲话题目标的制订上，演讲者需要掌握以下几个要点。

1. 目标必须包含话题的内容和走向

"内容"就是选择了什么话题，例如瑜伽、智能汽车、某专业、某本书、学生宿舍管理……这是演讲者选择的话题，是演讲内容的核心。"走向"是指介绍话题的哪一方面，这就要更具体一些。例如对于瑜伽，我们可以介绍其历史和来源、动作和特点、适合的人群、难点和优势、发展趋势……可延展的内容有很多，我们不可能面面俱到，所以必须在目标中明确介绍哪一方面。假设是专门讲瑜伽对人体健康的益处，那我们就需要少讲历史和来源、特点和发展趋势，专注于从人体健康方面入手，结合瑜伽的优势来讲。这样的演讲会更突出重点，说服力更强。这就是制订话题目标的意义。

2. 目标不能是一个问题，要有明确的倾向和观点

以"与听众探讨瑜伽对人体健康的作用"为例，这个目标是没有任何倾向性的，也就是没有明确的观点。没有观点的演讲只会让听众一头雾水，最后什么也得不到。演讲是表达观点和思想的，问题本身不是观点，因而不能作为目标出现。

例如"你真的会吃饭吗？""你了解自己吗？"都不是目标，因为观点不够明确，不具有可操作性。这些虽然可以作为演讲的标题来吸引听众，但作为演讲的话题目标是不合适的。

当然，并不是说演讲不能提问题，也不是说所有的问题都必须有答案。演讲的话题目标是指在演讲结束以后，演讲者希望听众明白的事情，也许是了解一些科学知识，也许是提升环保意识，也许是更加关注自己的健康，这才是演讲者需要在目标中体现的东西。因此，话题目标一定是个陈述句，而非疑问句。

3. 目标制订得越细致，演讲的准备工作就越容易开展

演讲的目标不一定只用一句话就能说明白，有时候我们可以将目标制订得更细致一些，越细致就越容易操作。

例如，"向听众介绍瑜伽运动对人体健康的 4 个好处"这个话题目标，我们可以将它扩展一下，变成"向听众介绍瑜伽运动是如何利用体式和音乐对生理和心理健康两方面进行疗愈的，以及如何起到缓解压力、改善体质、疏通经络、

提升免疫力的作用"。

后者较前者更长更具体，也更具有可操作性。按这样的方法，我们还可以继续扩展，将话题目标直接扩展成一个完整的演讲提纲，直至一整篇演讲稿。这就是对目标思维法的运用：通过倒推，我们能始终把握演讲走向，补充和筛选演讲素材，从而更好地进行演讲的准备。

思考与训练

1. 话题目标和结果目标有什么区别？哪个才是真正的演讲目标？

2. 什么是解构性思维？

3. 话题目标的制订需要掌握什么要点？

本·章·小·结

　　一场成功的演讲需要有充分的准备，而内容构思是演讲成型的基础。我们需要从话题、听众、目标 3 个维度来进行构思，根据场景的需要选择合适的话题，根据听众信息确定演讲的话题目标，根据话题目标去搜集和整理演讲的素材，并对素材做形象化的处理。到这个时候，内容构思就完成了，这个阶段是演讲的必经之路。

本章习题

　　1. 请根据"习惯"这个主题进行指定主题的立意，在小组内讨论，并以小组的形式展示。

　　2. 请自选主题，根据演讲构思的 3 个维度，准备一份新学期开学典礼的发言提纲。

　　3. 请使用本章提到的演讲方法，自选主题做一次课堂展示。

5

第 5 章
细化演讲攻略

本章学习目标

1. 掌握撰写演讲稿的方法。
2. 掌握绘制演讲地图的方法。
3. 了解实现共情、讲好故事和打造亮点的方法。
4. 学会恰当地使用演讲语言，选择适合自己的演讲风格。

课前热身 ● ● ●

介绍一项你所喜欢的运动或者业余活动，向大家推荐这个项目，并邀请大家参与。

当我们构思好演讲的内容之后，就要着手准备绘制演讲地图了。我们需要细化演讲的每一环节，包括演讲的开场和收尾方式，演讲过程中亮点、共鸣点的打造，语言的风格与形式，等等，做到让听众兴趣盎然、聚精会神、意犹未尽。对于演讲初学者来说，最好的打磨方法就是撰写演讲稿。

撰写演讲稿不同于写一般的文章，文章是拿来阅读的，而演讲稿是拿来讲的，这就需要进行语言形式的转换。在撰写演讲稿时，演讲者既需要考虑思想观点的充分表达，又需要考虑听众的理解和接受程度，同时要兼顾本人的语言风格。

演讲是一个双向的信息传递过程，演讲稿创作需要遵循一定的规律和方法。

5.1 运用演讲三段论

前文提到过解构性思维，不管多难的事情，我们都可以进行步骤的解构和拆分，这样事情就会变得简单易操作。演讲三段论就是把整个演讲的内容拆分成 3 个部分，即演讲的开场、主体和结尾。完成了这 3 个部分，就完成了演讲。不管多长的演讲，其思路都非常简单，按照我们后面将讲的方法，基本已经能形成清晰的路线图了。对于演讲初学者来说，临场组织语言仍有风险和难度，那我们就可以用演讲三段论来完成演讲稿的撰写，对每一个部分进行精心的打磨，以确保效果良好。

演讲三段论并不是说演讲稿只有 3 段。演讲稿的写作实际上是没有太多规则的，非常适合向往自由风格的演讲者，因为不规定段落、不规定标点、不限制语言风格。但演讲稿的写作仍然有一个要求：运用听众思维，站在听众的角度，用听众能理解和接受的方式来写。听众只能意识到开场、主体和结尾，更关心与自己有关的有趣、有用的内容，所以这些因素是我们写演讲稿时需要重点考虑的。作为演讲者，我们应该更多站在听众的角度来写，如果不能始终抓住听众的注意力，再精彩的内容也是无法成功传达的。因此，我们要把自己当成一个导游，规划线路和前进方式时都得充分考虑听众的感受。运用演讲三段论来撰写演讲稿，是演讲者需要掌握的技能。

5.1.1 演讲的开场

俗话说，好的开端是成功的一半，演讲亦是如此。演讲的开场就是演讲者亮出的第一张牌，是演讲者给听众的第一印象。好的开场能够瞬间调动听众情绪，让听众产生听下去的欲望。好的开场还能充当"先遣部队"，为后面的核心内容做好铺垫，很好地引出主题。

那么，怎样开场才能达到这个效果呢？那就要从这两个目标入手：引出演讲话题，引发听众关注，使听众"听有所思"；引起听众兴趣，调动听众情绪，使听众"想听爱听"。

由这两个目标，就可以倒推出以下两种演讲开场方式。

1. 引入话题式

演讲的开场就是要引入话题，其方式有很多种。

（1）道具引入

道具引入就是演讲者带着特别的道具上场，用道具巧妙引入话题，这样的案例有很多。

在 2020 年湖北省总工会"中国梦·劳动美"演讲比赛中，一个演讲者带着一份文件资料走上台。她是这样开场的："大家好，我是 ××，今天，和我一同在舞台上的还有我手上的这本工作方案。它对鄂北工程而言，是一段特殊的记忆。今天，我就要从这本工作方案和它背后的那些人讲起……"

此外，一个演讲者带着一把铁锹走上演讲台，她演讲的题目是《一把铁锹，代代坚守》。她是这样开场的："大家好，我是 ××，大家可能会很好奇为什么我会带着一把铁锹。这把铁锹很普通，在高速公路建设一线，我们的工人师傅经常会用到；但这把铁锹也不普通，因为它是我们公路建设者的传家宝，是我们交投精神的象征……"她讲的是一群高速公路建设者的故事。

在 2019 年共青团中央主办的一次演讲比赛中，有一位来自中南民族大学的苗族女孩，她的演讲题目叫《延续的青春》。她是这样开场的："这是一张老照片，照片上笑得很灿烂的这个人是我的老祖婆，她曾是一名乡村小学老师。今年已经 95 岁高龄的她，经常给我讲她年轻时候的故事……"她讲的是自己继承祖母的志向，报名参加支教工作的故事。

有的时候，服装本身也是一种道具，也能起到引入话题的作用。例如 2016"知音杯"全国演讲大赛中穿着婚纱演讲的女大学生，她用婚纱引出了自己的故事。在演讲中运用道具是一种很巧妙的方法，不管是用一份文件、一把铁锹、一张老照片，还是用一件服装，都是在用一种巧妙的、与众不同的方式引起听众的关注，同时引入话题。

（2）故事引入

用一个与主题密切相关的故事作为演讲开场，可以快速吸引听众的注意力，但故事一定要简短有趣，避免复杂的情节和冗长的语言，并且要与演讲内容有关。

例如，某企业家在一次演讲中是这样开场的："有一个故事说，能够到达金字塔顶端的只有两种动物：一是雄鹰，它靠自己的天赋和翅膀飞了上去；二是蜗牛，它是一点点爬上去的。我相信蜗牛绝对不会一帆风顺地爬上去，一定会经历掉下来、再爬、掉下来、再爬的过程。但只要爬到金字塔顶端，蜗牛所看到的世界、收获的成就，就跟雄鹰是一样的。

到今天为止，我一直认为自己是一只蜗牛，一直在爬。只要你在爬，就足以给自己留下令生命感动的日子。我常常说，如果我们不为自己留下一些让自己热泪盈眶的日子，那我们的生命就浪费了。今天，我想和大家分享的就是：人的进步是一辈子的事情。"

这个小故事非常简单，叙述也很朴实，但效果显著：故事的讲述很容易将听众引入一个场景中，吸引其注意力；同时，这个故事让复杂的道理听起来通俗易懂又颇有深意。

例如，在 2021 年"信仰的力量"全国广播电视和网络视听行业青年演讲比赛中，湖北赛区的一位选手是这样开场的："在 1920 年的那个春天，29 岁的陈望道在家乡浙江义乌分水塘村祖屋的一间柴房里，铺板成桌、垫稻当凳，借着一盏油灯的光亮，专心致志埋头译书。母亲送来一碟热乎乎的粽子和当地盛产的红糖，没想到陈望道竟把墨汁当作红糖蘸着吃粽子，自己却全然不知。……墨汁为什么那样甜？原来信仰也是有味道的，甚至比红糖更甜……"

这是一段典型的以故事开场的演讲词，她用了《共产党宣言》的翻译者陈望道的故事引出了关于信仰的话题，借用墨汁的味道引出信仰的味道，开始了对主题的阐述。

例如，在某次演讲比赛中，一个演讲者备受评委青睐，她的开场是这样的："再自我介绍一遍，我叫××，是一名高中语文老师，教书 15 年了，虽不敢说桃李天下，所教的学生当中，也算是学霸辈出。这帮学霸，不仅有知识，而且有文化。说到文化，作为他们的语文老师，我可是被质疑过。那是几年前市里的一堂公开课上，那天我讲的正是诗经文化，在课堂上，我带领我的学生进入了那个风雅颂赋无比灿烂浪漫的诗歌世界。课后，一名听课老师来找我交流。他说，您讲的文化是真精彩，可是这个东西高考会考吗？咱当老师的究竟该不该给学生讲一个高考不考的东西呢？他这一问，问出了许多人的困惑，那好，我来回答……"

这是一段典型的以"故事+提问"开场的演讲词，她先简单介绍自己作为语文教师的职业，提出了"文化"这个关键词，然后就用一个工作上的小故事引出了大家都关心的语文教育的问题。接下来，借由这个问题，她就可以阐述自己的演讲主题了。

（3）名句引入

如果你想要说明一个道理，又希望具有可信度和说服力的话，可以引用名句或谚语来提出自己的观点，这是常用的演讲开场方式。

例如，一名消防员的演讲是这样开场的："我是一名战斗员，我永远记得刚到新兵连的时候，连长跟我们说的第一句话。他说：'是骡子是马，你给我拉出来遛遛，三个月以后，骡子走人，马跟我上！'这也是连长在新兵连里说得最多的一句话，而我没有想到，我竟成了新兵连里最早现形的骡子。……"

例如，一位正在进行演讲比赛的选手是这样开场的："我想在座很多人都听过我们的优秀前辈同行——战地记者罗伯特·卡帕的一句话：如果你拍得不够好，那是因为你靠得不够近。在我还是中学生的时候，成为一名战地记者是我对"记者"这份职业最初的向往……"

在选用名句开场时要注意以下 3 点。

① 名句一定要通俗易懂，不能艰涩拗口，说出来别人听不懂或不知道。

② 名句要与主题相关，或代表一种观点，或代表一种心情。

③ 名句要具有一定的深度，或具有启发意义，或有深刻的内涵，不能太普通。

（4）热点引入

我们现在经常说"蹭热点"，其实就是为了引起听众的关注。在演讲中，这样做也是很有效的。

例如，2021 年，一位民警在一次法律宣传主题的演讲比赛中，是这样开场的："今年 7 月 3 日晚间，一段短视频在网络中迅速传播，引起了各级领导和社会的广泛关注。（播放了这段短视频，之后接着演讲）一声巨响的背后，到底发生了什么？"

这位民警在演讲中播放了一段热点新闻事件的视频，想用这段视频引出事件涉及的法律知识，引发探讨。

在以热点引入时要注意以下两点。

① 热点内容必须真实可靠，切忌道听途说。

② 要与主题契合，并与大部分听众相关，这样才更容易引起听众的关注与兴趣。

（5）提问引入

在演讲开场时巧妙地设计一个问题，既能引发听众思考，又能更好地引入话题。同时，让听众带着问题听演讲，将大大增加他们对演讲内容的兴趣。这就像一个预热的过程，预热之后的内容输出会更加有效果。

例如，在某个节目中，演讲者是这样开场的：*"有人问我，给你10天，你能做些什么？10天？10天我能读完一本百万字的小说，10天我应该能准备一场高质量的辩论赛。……"*

（6）关键词引入

有的时候，演讲者也可以使用想要表达的观点里面的关键词来引入话题。

例如，在某单位组织的活动中，一个演讲者是这样开场的：*"几乎每个人都听说过'不忘初心、方得始终'这句话，但却少有人知道下一句是'初心易得，始终难守'。在当今这个日新月异、飞速发展的时代，初心常常被我们所遗忘，我们已经走得太久、太远，以致忘记了当初为什么出发。"*

这个开场就引用了一个关键词——初心，演讲者用这个词来开启话题，引出主题。

2. 引起兴趣式

（1）制造悬念

人都有好奇的天性，一旦有了疑问，就想要探个究竟，所以以制造悬念的方式开场往往会收到奇效。

例如，在节目《我是演说家》中，某位选手是这样开场的：*"如果告诉大家有这样一份礼物，它能让你跟分开很久的家人团聚；能让关系疏远的朋友重新回到你身边；能让你交到很多新朋友，收到很多鲜花；能让你周围全都是赞美和鼓励的声音；得到这份礼物，你能收获一年甚至更久的假期；你是不是特别好奇……"*

随后，她展示了她收到的这份礼物，是一张病历，医生告知她，她患了白血病。她在演讲中讲述了自己和病魔斗争的故事，以及对命运的新的看法、对人生的新的理解。

这个开场就属于典型的制造悬念，跟相声中的"抖包袱"是一个意思，以引发听众的好奇来博得关注。

运用制造悬念的方式开场要注意两点：一是不要把人人都知道的常识性问

题硬转换为悬念；二是不要故弄玄虚，也不要悬而不解，要在适当的时候解开悬念，满足听众的好奇心，这样同时也能使内容前后呼应、结构浑然一体。

（2）出其不意

出其不意，其实就是不按常理出牌，以非正常的方式开场，然后解释，从而吸引听众关注。

例如，TED 的一位演讲嘉宾是个残疾人，走路摇摇晃晃的。他就这样走上演讲台，对现场听众说：*"我并没有喝醉，是 35 年前接生我的那个医生喝醉了……"* 随后，他讲述了他在出生时所经历的一次医疗事故。

又如，武汉市公安局的一名警察，在一次演讲比赛中给自己的演讲起的标题是《放弃吧，你再怎么努力都是徒劳》。他的开场是这样的：*"人们都说，一分耕耘一分收获，但我要说，不是所有的努力都有收获，例如做违法的事……"* 随后，他讲述了他和犯罪分子斗智斗勇的故事。

5.1.2　演讲的主体

演讲的主体是介于演讲开场和结尾的中间部分。无论是什么类型的演讲，都需要有说服力和有逻辑性，演讲的主体部分就承担着核心信息输出的任务，是一场演讲很重要的部分。我们需要认真组织和准备。

当演讲的开场完成之后，听众的注意力会集中在演讲者身上，所以接下来的主体内容呈现就显得特别重要。这一部分的呈现分以下两种情况。

第一种情况：演讲者如果已经亮出观点，接下来就需要在演讲主体部分对观点进行具体的解释说明，并且使用论据来证明观点。

第二种情况：演讲者如果没有亮出观点，接下来就需要在演讲主体部分进行进一步探讨分析，并使用逻辑推理和论据来推导出观点。

无论是哪一种，演讲的主体都需要包括两项内容：一是搜集、整理并经过加工的作为论据的素材；二是进行说理解释，也就是论证的过程。

素材是演讲论述观点的重要载体和依托。要让听众信服，就需要强有力的素材。所以，当进入演讲的主体部分，演讲者就需要对演讲的素材进行归纳和整理。

1. 素材的归纳和整理

在演讲中，我们要善于寻找和记录可论证观点的好素材，这些素材大致可以分为三类：案例、数据和金句。

（1）案例

案例包括以下几种。

自己的故事。人生就是由一个又一个故事组成的，成长的过程就是故事。相册里的每一张照片，听的每一首歌，遇到的每一个人，你的每一次选择，每一段经历，所有发生在自己人生经历里的事情，都是值得我们回忆的点点滴滴，这些事情一直在塑造我们的性格，影响我们的判断，进而构成了我们的人生。

身边的故事。发生在我们身边的其他人的故事，自己朋友的、亲人的、同事的，甚至是过去不认识、偶然遇到的人的故事，只要是真实的，都可以作为演讲的素材。在 TED 演讲中，很多演讲者都会讲述自己亲人的故事，演讲者是以一种亲历者的身份在讲述，自然有说服力。

经典的故事。演讲者可以引用经典的民俗故事、新闻事件、历史故事等，作为演讲的素材。有时，演讲者讲一些听众不知道的、能带给人启发或者收获的故事，可以为演讲增色不少。

（2）数据

在演讲中，不管演讲者介绍新的事物还是证明自己的观点，都需要搜集相关的研究数据来进行说明。这些数据常常构成事实论据，对我们的观点起到很有力的支撑作用。例如，一个演讲者这样说：

"我们来算一笔提升成才账，聊一聊退役大学生士兵计划，我不给大家念文件，直接给大家举例子。一所院校，2021 年研究生复试基本分数线最高的专业达到 370 分，而退役大学生士兵计划的复试分数线为 249 分。……"

这些数据在演讲中起到了强有力的论证作用，事实胜于雄辩，数据就是实证。因此对于演讲的主体部分，我们也需要搜集合适的数据论据。

（3）金句

金句的特点就是：字数很少，结构简单，格式整齐，重复运用。例如："虚怀若谷，求知若渴""谁掌握了语言，谁就掌握了思想""没有用户记忆，就没有二次传播""改变语言，改变世界""学而不思则罔，思而不学则殆""懂你的人不言而喻，不懂你的人百口莫辩""吃饭是为了活着，但活着不是为了吃饭""心中有火，眼里有光"等。

金句包括诗词歌赋里面的经典词句、名人名言、民间谚语、广告词等，来源非常广泛，演讲者是可以通过积累获得的。积累这些金句，可以更好地表达我们的观点，让别人记住。

2. 素材的选择

从素材选择的角度来说，以选择案例作为素材为例，需要把握以下两个原则。

（1）故事要新鲜

演讲者应尽量选择较近的故事，更加容易引发听众的兴趣。一是时间上更近，例如最近发生的新闻热点事件，会更加贴近听众的生活。二是空间上更近的，例如发生在听众身边的事情，到某个地区去演讲，可以选取那个地区的人和事。当然除了时空上的距离，还有人心的距离。如果演讲者讲的是自己身上发生的故事，或者是发生在自己的父母、同事、朋友身上的故事，会拉近人与人之间的距离，听众会感觉到演讲者的真诚，演讲更具有打动人心的力量。

如果要讲历史人物或名人故事，要讲出新意来确实不容易。首先，我们可以尝试新的角度。例如讲述毛泽东的故事，我们可以从一个父亲的角度切入，讲述他和毛岸英的父子之情；或者从一个丈夫的角度切入，讲述他与杨开慧的爱情故事。不同的身份有不同的角度，服务于不同的话题。其次，我们可以从形式上创新，比如采用穿越时空和历史人物对话的形式、书信的形式、日记的形式等，有创意的演讲能让人印象深刻。

（2）故事要少而精

故事要为话题服务，必须重点突出、详略得当。故事要少而精，意思就是不要期望在一场演讲中讲太多故事。表达同一观点的故事最好只有一个，主角也只有一个。我们在筛选故事的时候，要善于找出那个具有典型意义的故事来讲。在讲故事的时候，也不需要面面俱到，不能啥都想说，却啥都没说好。有些不重要的细节是可以忽略的，只需要讲出跟观点有关的重要情节就可以了。

3. 素材的加工和使用

素材并不是我们拿来以后就可以直接使用，而是要进行适当的处理，力求达到可信度高和形象化。

（1）要做到可信度高

这包含以下两个层面。

第一个层面是论据材料本身。这要求我们所使用的案例、数据、金句必须是真实的、可考的，才会经得起检验和推敲。数据应有正规来源。例如使用全国人口普查的数据，我们一定要使用最近的最新的数据。我们所使用的案例要么是大家都知晓的媒体报道的新闻事件，要么是大家熟知的历史故事或者是有出处的名人传记。切不可为了凸显某个人物或者事件，对案例或者数据进行夸张或者杜撰。历史上因为案例或者数据不实而弄巧成拙的演讲也是有的。演讲是一种公开的传播，需要遵循信息传播的真实性原则。

第二个层面是演讲呈现方式的可信度。也就是说真实的案例要用让人信服的方法呈现出来。例如我们在使用数据的时候，讲明这个数据是从哪里得来的，这就比直接用数据更能让人信服；在使用金句时如果能具体讲明这句话出自哪部著作或者场景，会更加有可信度；在使用某项成就或者荣誉时，拿出照片会增加可信度；如果是讲故事，那么用细节描述或者现场照片来辅助展示，同样会增加听众对演讲者的信任感。有的时候演讲者本人的身份也会增加可信度，例如他本人是某行业的专家，那么他的话就会更容易让听众信服。

（2）要做到形象化

形象化是出于对演讲生动性的要求，主要是指对于不好懂、不直观的论据，应该做形象化的处理。这包括数据的形象化和故事的形象化。

在使用数据时，要做到数据形象化。当我们引用数据时，不是简单地引用就好了，而是对数据要进行形象化分析说明，也可以配合使用图形进行直观性展示，数据本身是不具有直观性的。当我们需要展示百分比时可使用饼状图（见图5-1），需要描述数量对比时可使用柱形图（见图5-2），需要描述趋势走向时可使用折线图（见图5-3），等等。

我们在做图形展示时，一定要做到一目了然，演讲对听众的反应测试应该是2秒，也就是说图形必须让听众很快能明白。人的注意力是有限的，听和看同时进行时，理解效果会减半。因此，我们对出示的图形一定要进行选择。这时候可以使用"3字法则"：线条不超过3条，文字不超过3行，照片不超过3张，类别不超过3种……这是比较容易让人理解和记住的图形展示规律。

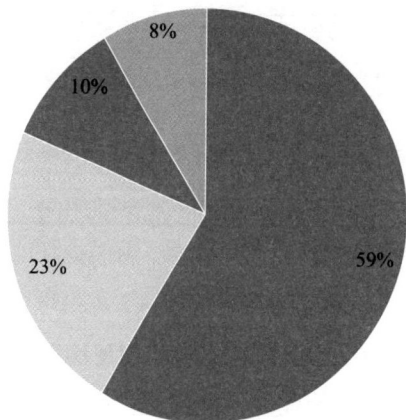

图 5-1　饼状图

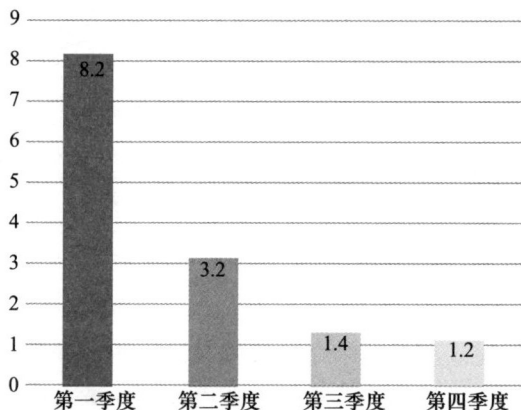

图 5-2　柱形图

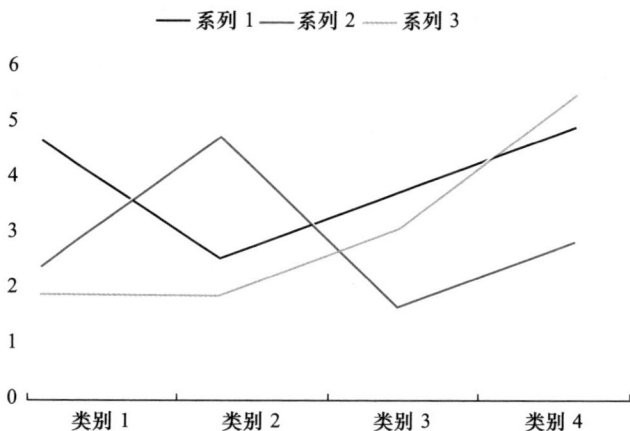

图 5-3　折线图

对数据做形象化解释说明。当我们使用数据时，要善于对数据本身进行解释说明，可以使用类比的方法，方便听众进行联想，以便于更好地理解这个数据的内涵。例如在演讲《从 16 厘米到 2.5 毫米》中，演讲者说："16 厘米，相当于一根铅笔的长度；2.5 毫米，相当于这支铅笔的笔芯的厚度。这两个数据看似毫不相干，但在这个故事里却有着紧密的联系……"这样对于数据做形象化的比喻说明，便于听众迅速理解数据。

再比如某奶茶品牌广告：一年卖出十亿多杯，杯子连起来可绕地球三圈……。"十亿"这个数字，乍一听，听众可能不能马上反应过来这个数量的概念。但如果用"可绕地球三圈"这种形象化的类比，听众就对这个数字的量有了理解，并且能马上记住，记住就是传播的开始，这也是这句广告词传播如此之广的原因。

在演讲中使用故事，本身就是一种形象化的说理方式。故事好听好记好传播。例如你很难记住一个陌生人的名字，但如果他用一个故事把名字讲出来，你就容易记住了。这就叫"故事思维"。用故事思维来助力观点和思想的表达，可以使艰涩难懂的内容变得生动有趣。

讲故事也要做到形象化。故事的形象化体现在三个方面。**一是使用场景化描写**。在讲故事时，把故事发生的场景用画面式描写的形式来进行展示，就像摄影镜头一样，会增加故事的生动感和现场感。**二是使用细节描写**。越是描述一个物品的细微之处，越是能增加真实感；越是描写一个人物表情的细微之处，越是能放大一种情绪或者人物的某个性格特点。**三是使用人物语言和心理描写**。没有什么比人物自己的语言更能说明问题，也没有什么比心理独白类描写更加容易打动听众。因为心理独白通常都是情绪的载体，它以诗一般的形态，像音乐一样出现，本身就具有打动人心的力量。在关键时刻，这种语言和心理描写可以创造演讲中的"泪点"。

5.1.3　演讲的结尾

演讲的结尾直接决定听众在听完演讲后，对演讲产生的印象。演讲的结尾跟演讲的开场一样，是有很多种形式的。有的演讲者在结尾处戛然而止，给人余音缭绕的深邃感；有的演讲者在结尾提问，画龙点睛，引发无限思考；也有的演讲者用一个金句结尾，让人印象深刻、回味无穷。好的结尾一定要留给人空间——思考的空间、品味的空间、沉浸的空间，要能给自己的演讲画下一个完美的句号。

那么，如何结尾呢？那就是结尾要点题。结尾处要提炼要点，回顾演讲主题，把演讲过程中的重点用简洁精练的语言表达出来。如果说演讲开场需要先声夺人、不落俗套，那么结尾就要锦上添花、耐人寻味，这样才能带给听众形式上的完美和精神上的满足。常用的结尾方式包括以下5种。

1. 内容总结式

这种结尾方式就是用极其精练的语言概括演讲的主要内容或中心思想，使要点更加突出，让听众印象更加深刻。

例如，某演讲的结尾如下。

"人的一生是奋斗的一生，但有的人一生过得很充实，有的人一生过得很空洞。如果我们有一个伟大的理想，有一颗善良的心，我们一定能够把很多琐碎的日子堆砌起来，让人生变得充实而伟大。但是如果你每天庸庸碌碌、没有理想，从此停止脚步，那你未来的日子堆砌起来将永远是琐碎的。所以，我希望在座的同学们都能把平凡的日子堆砌成伟大的人生。"

这个结尾高屋建瓴、总括全篇，给出"如果我们有一个伟大的理想，有一颗善良的心，我们一定能够把很多琐碎的日子堆砌起来，让人生变得充实而伟大"的结论，同时与演讲的题目《伟大的生命》相呼应，既重申了观点、抒发了情感，又对青年学生寄予了希望、提出了倡议，给听众留下了完整又深刻的印象。这就是内容总结式结尾。

2018 年湖北省消防系统"肩负新使命·迈向新征程"演讲比赛上，消防员赵某的演讲叫《变与不变》，演讲比赛的主题是"肩负新使命·迈向新征程"。那时正值消防系统改制，由部队编制改为行政编制。面对这个主题，赵某的演讲立意是"变与不变"。演讲开场，他一上来就讲述了自己是如何立志成为消防员的，把个人的成长和消防事业的变化联系在一起，并在结尾处用心雕琢、点亮主题，因此获得了演讲比赛第一名的好成绩。他的结尾如下。

"3 年来，我从桀骜不驯的青年变成了赴汤蹈火的战士，在不远的将来，我所忠于的部队也会变成一支更加职业化的战队。也许未来称呼会变，但我们的使命不会变；也许未来身份会变，但我们的信念不会变；也许未来我们的生活会变，但我们保护生命的职责不会变！"

他用这个总结式结尾，把自己的故事、战友的故事、事业的变化成功地串了起来，并且恰到好处地进行了点题和升华。

2. 首尾呼应式

宋代学者陈善在《扪虱新话》中说，写文章就像长蛇阵，攻击蛇头则蛇尾接应，攻击蛇尾则蛇头接应，攻击蛇身则头尾都来接应。

演讲结尾也是这个道理。结尾处呼应开头，重复和强调观点，可以使演讲浑然一体，结构更加完整。

例如，2021年"信仰的力量"全国广播电视和网络视听行业青年演讲比赛中，一位选手的开场如下。

"大家好，我叫周××，是一名记者。2016年6月，我成为一名光荣的中国共产党党员。如果说5年前我是从行动上实现了入党的愿望，那么过去5年，我时时以一个党员的视角走近我采访的那些党员典型时，我一次又一次深刻体验到从思想上入党的厚重历程。"

结尾如下。

"……我和我的同事，见证并参与了无数次这样的泪如雨下。到处都有记者的身影，这是职业赋予我们的职责和使命，也是我们作为党员新闻人的初心与坚守。

我叫周××，我是一名光荣的共产党员。

我是共产党员，我先上！"

结尾的自我介绍与开场相互呼应，但却不是简单的重复，而是带有情感的铿锵有力的态度语言。需要注意的是，运用首尾呼应式结尾时不应只是对开场的简单重复，而应做好总结铺垫，使演讲主题更加深化，引起听众心中强烈的共鸣。

3. 号召行动式

演讲归根结底是为了传递思想、引发行动，对听众施以影响，所以告诉听众应该怎么做，才是演讲的真正目的。

例如，TED的某位演讲者在《如何成功？请多睡一会儿》的演讲中的结尾如下。

"因此，当我们面临当今生活中的重重危机时，在个人层面上睡个好觉对我们有利。在生活中，睡个好觉能够带给我们欢愉、感激和高效，它也对我们的职业发展有利，同时睡个好觉也是世界上最美好的东西。因此，我极力建议各位合上双眼，发掘深藏于我们脑海中的妙思，让机器般运转的身体暂时停下并发现睡眠的魔力。"

她鼓励大家善于发现睡眠的魔力，也给予听众们行动上的建议。

又如，TED的一个演讲者以《幸福是什么》为题发表了一场演讲，其结尾如下。

"我想引用马克·吐温的一段话来作为结尾。一个多世纪前，他回首自己的人生，写下这样一段话：'时光荏苒，生命短暂，别将时间浪费在争吵、道歉、伤心和责备上。用时间去爱吧，哪怕只有一瞬间，也不要辜负。'美好人生，从良好的人际关系开始。谢谢大家。"

引用名人名言作为结尾也是非常好的一种方式，但所引用的这句话必须能够很好地证明演讲的观点，目的仍然是强化观点、号召行动。

4. 提出问题式

在一些演讲中，演讲者可以在结尾处提出新问题、引发新思考，并进行行动倡议，这时一般需要用上铿锵有力的排比式语言。

例如，某企业总裁在一次毕业演讲中是这样结尾的。

"今天站在这里，我想跟大家讲，我相信在座的每一位都有梦想，我相信你们都将梦想付诸了行动。我要问的是，5 年后，10 年后，24 年后，25 年后，你们还有没有坚持梦想的勇气和决心？还相不相信坚持梦想的力量？这就是此时此刻我想要问大家的。"

这就是用提问来引发听众思考的结尾。

5. 情感抒发式

演讲中的情感抒发，通常使用排比句，因为排比句具有排山倒海的气势，用在结尾处可以将整场演讲的气氛推向高潮。

例如，在湖北省图书馆举办的"书说荆楚"系列活动之"书说汉阳"活动中，湖北省演讲协会陈飞的演讲《敢为"天下第一"》是这样结尾的。

书说汉阳陈飞案例

"对一个人来说，心有多大，世界便有多大。敢为'天下第一'，需要的不仅是梦想，还有迎难而上的勇气和智慧。对这个社会来说，我们需要这样敢当第一的人，那个第一个说出地球是球形的人，第一个发明蒸汽机、引领世界走向工业化的人，第一个登上月球的人，我们总能记住他们，因为正是他们引领我们走向更好，是他们推动了这个社会的进步和发展。这就是为什么他们会成为伟人，因为他们所做的事业，开世界之先河，对这个社会起到了独一无二的作用，即使历经历史长河千百年的冲刷，人们也总能记住他们。这就是为什么我们今天可以坐在这里谈论张之洞，这就是为什么那条路叫张公堤，这就是为什么一座城市会为他一个人建造一座博物馆。我想，这就是这个敢为'天下第一'的湖广总督，为我们这座城市所留下的城市精神——敢为人先，追求卓越……"

排比结尾句式简单，但情绪高昂，可以带动整场演讲的氛围，像一波又一波的浪潮把听众的情绪推向最高处。

演讲的结尾有时候可以多种方法结合使用，而并非只用某一种。例如提出问题和情感抒发可以一起用，首尾呼应也可以用排比句式抒发情感。不管是用哪一种，我们都需要根据演讲的总体风格和演讲内容目标来确定。

5.1.4　演讲的题目

很多人不重视演讲的题目，觉得题目可有可无，只要内容好就可以。殊不知，演讲的题目也能对演讲的成功起到推动作用。好的演讲题目醒目，让人难忘。

一个好的演讲题目最大的作用在于，不仅能使听众充满兴趣，而且能帮助演讲者提纲挈领，对整个演讲的主题和立意起到画龙点睛的作用，人们能通过演讲的题目理解演讲者的真正意图。

一个好的演讲题目必须同时满足两个条件：一是好记，好记是传播的基础；二是留白，留白使人产生想象，内涵丰富。光好记不留白，没创意没生趣，不是一个好题目；光考虑留白，题目太艰涩难记，也不好。

给演讲取一个好题目，常用的有以下5种方法。

1. 摘要法

这个方法就是对演讲内容去粗取精、提炼精华。

例如，"魏源杯"全国演讲大赛的选手王××，她演讲的是关于青春和奋斗的主题，演讲的题目是《自强自立 彰显青春亮丽》，主要讲述了她从一场家庭变故中走出来，克服困难、自强自立，考上大学，走上工作岗位之后又凭借自己的努力在工作中取得成绩、获得肯定的故事。这个题目虽然能基本概括她的演讲内容，但是既不好记，又不能给人以想象的空间，无法调动人们想听的欲望，所以显得很平庸。为了提炼出一个好题目，我们可以对演讲内容进行梳理，先把演讲的大纲整理出来，然后对每一段故事进行概括性的提炼，找到不同故事里的共同特征，再对这个共同特征进行形象化的描述，最后落实到题目上，这样，题目的雏形就诞生了。先给大家看看我们整理的故事逻辑线（见图5-4）。

图 5-4　故事逻辑线

根据故事的逻辑线，我们通过思考提炼出共同特征，提炼的灵感来源于她在演讲开头的一段话："我有一个小公主般的金色童年，那时候我是父母的掌上明珠，在别人眼里，我生活在蜜罐里……"这段话中的"金色"一词让我们想到可以用色彩来概括她在人生某个阶段的状态：童年是金色的；在遭遇家庭变故后，她的生活变成了灰色的；她在逆境中奋斗，考上大学，我们以大学录取通知书上的红色作为这个阶段的色彩；走上工作岗位的她理解了奋斗对于青春的价值和意义，在工作成绩和领导的肯定中看到生活是五彩缤纷的，并把彩色看作青春的颜色。于是我们经过反复修改打磨，把演讲的题目改为《我的青春底色》，提炼出"底色"这个词来概括她所有的故事，用绘画手法对演讲进行涂色处理，把她的故事划分为金色、灰色、红色、彩色这样几个阶段。所谓"底色"是一种背景色，用色彩来描述她不同时期的心态和情绪，实际上就是用一种感性的方式对理性的主题进行描述，并配合PPT中的色彩展示，使人一目了然，同时也使整个演讲稿层次清晰。这个题目既概括了全文，又突出了主题，还给了听众想象的空间。

2.悬念法

这种方法就是根据演讲内容，在题目中巧妙设置悬念，充分调动听众兴趣。

例如，中交第二航务工程局有限公司的一个演讲者，在参加主题是"不忘初心　牢记使命"的演讲比赛时，演讲的题目是《守护天使与定海神针》。该演讲主要讲述某位桥梁工程师的敬业故事，他在港珠澳大桥的建设项目中精益求精，不断攻坚克难，最终"实现了桥梁误差从 16 厘米到 2.5 毫米的技术飞跃，为了这段距离，他付出了艰苦的努力……"。这是她原稿中的一句话，经过商讨，最后她的题目改成了《从 16 厘米到 2.5 毫米》。这个题目字数不算少，但是胜在留白，它给了听众很大的想象空间。人们一看到这个题目就会产生疑问：这两个数据是指什么？彼此之间有什么关系？这场演讲到底会讲些什么？这个题目充分调动了听众的好奇心，制造了悬念，起到了引人入胜的作用。

3. 观点法

跟悬念法比较近似，这种方法在演讲题目中运用得更加广泛，且简单易操作。该方法的要点在于题目本身就是一个观点，这个观点最好跟我们平常所讲的道理不同，能让听众耳目一新；或者这个观点是有争议的，容易让听众产生疑问。

例如，《你的善良应该带点锋芒》《越努力越幸运》等题目就是一个观点，有可能这就是演讲者所持有的观点，也有可能这仅是演讲者的引子，可引出其他观点。我们可以从这样的演讲题目中看出演讲的话题，从而引发思考。

4. 设问法

这种方法就是在题目中提出一个问题，以引发人们的思考，例如《我们为什么要读书》《小强是怎样炼成的》等，都运用了设问法提出问题，发人深思。

5. 关键词法

例如，武汉市公安局一名特警的演讲题目为《警察的"奢侈品"》。这个题目就是运用了类比法，把警察的奖章比作奢侈品，目的就是强调这个奖章来之不易，让人印象深刻。

提炼题目的方法还有很多，汉语中所有的修辞手法都可以用来创作。夸张的题目展示出幽默，比喻的题目表现出可爱，对仗的题目看起来工整，设问的题目引人思考，等等。不同的文字组合能表达出不同的效果。

对于演讲来说，好题目不需要很复杂，只要愿意用心去思考，就能创造出属于你的独特的好题目。

思考与训练

1. 什么是演讲三段论？

2. 演讲的开场在演讲中起到什么作用？有哪些开场方法？

3. 演讲主体部分所用素材要经过哪些处理？

4. 演讲的结尾有什么作用？有哪些结尾方法？

5. 演讲的题目有什么作用？什么样的演讲题目是好题目？

5.2　绘制演讲地图

当演讲的开场、主体、结尾、题目都已经规划好之后，我们就可以着手绘制演讲地图了，这张地图就是演讲的思维框架，也可以称为思维导图或者思维路径。它是我们演讲的依据，是我们说话的线路。依据这张地图，我们可以直接完成一篇演讲稿，有经验的演讲者甚至可以直接开始演讲。

一般来说，有以下 5 种绘制演讲地图的方法可供选择。

5.2.1　演绎式

演绎是议论文的一种论述方式，意思是根据论点来找论据。这种结构非常简单，可以表示为总—分—总，也可以表示为提出观点—论述观点—总结观点，如图 5-5 所示。

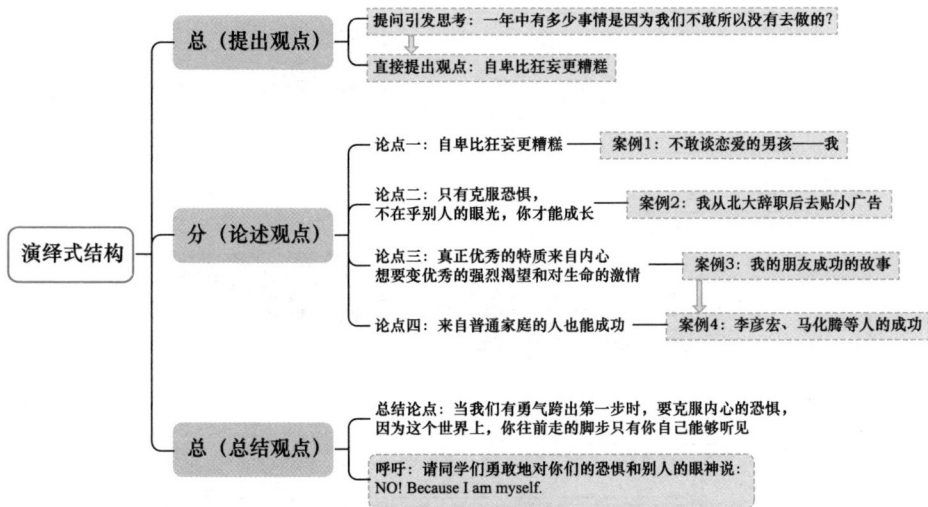

图 5-5　演绎式结构

观点可以直接提出，也可以间接提出。我们可以先提出一个传统的、常规的观点，然后否定它，再树立一个自己的新观点。创新观点是演讲的一大看点。演绎式的特点在于，观点始终很鲜明、先破后立、节奏激进，很有辩论的酣畅淋漓感。结尾总结观点、重申观点或者发出倡议。

这种结构非常简洁明了，在演讲当中使用得非常普遍。演绎式不仅适用于整篇演讲稿，在每一个小的论述部分也都可以采用，具有很强的适用性。

5.2.2　归纳式

归纳式可以表示为分—总结构。可以是摆出案例—总结观点的思路，如图 5-6 所示的乔布斯的演讲就是采用了这个结构。归纳和演绎的区别就在于，少了开场提出观点的部分。归纳是直接给出几个案例，最后推导出结论。该结构特点是对前面的案例进行了很好的归纳，最后总结观点的提出也因为有了前面的铺垫而更有力量。

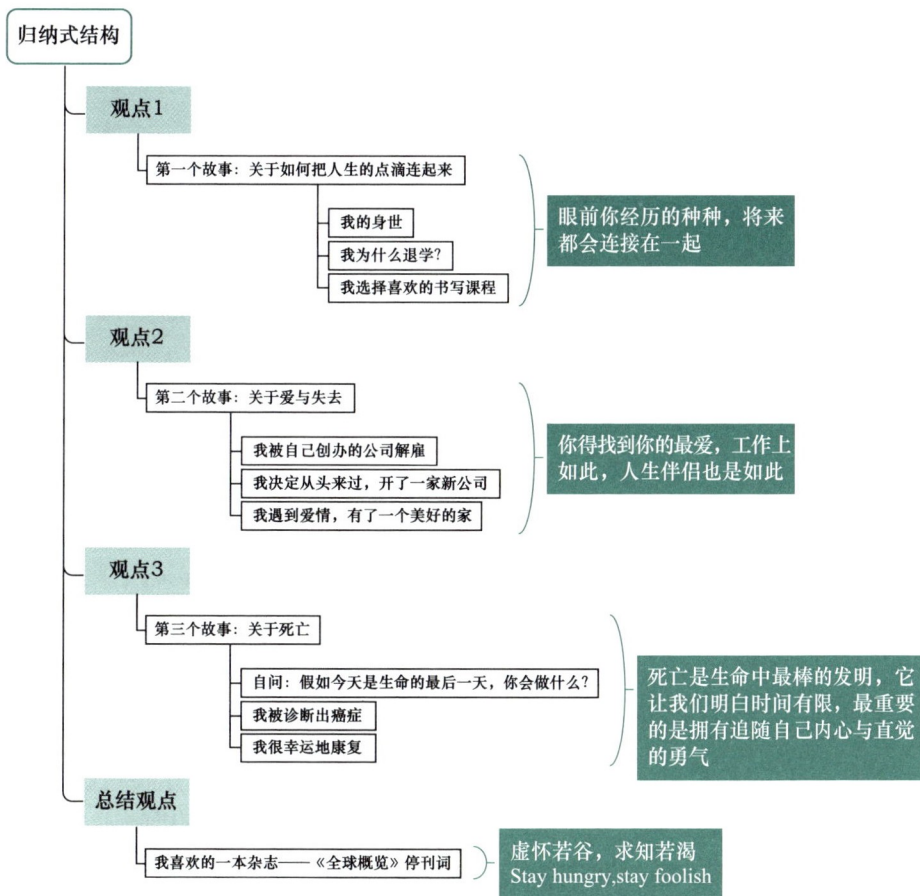

图 5-6　归纳式结构

某企业家的演讲《虚怀若谷，求知若渴》就是这样的结构，他一开始就讲了 3 个故事，每一个故事讲完后都提出一个观点，最后归纳为"虚怀若谷，求知若渴"8 个字，用这个金句对整场演讲做了一个很好的总结。观点的提出铿锵有力，让人印象深刻。

某企业家在演讲开场并未提出什么观点，而是简单引入："今天我想向你们讲述我生活中的 3 个故事。不是什么大不了的事情，只是 3 个故事而已。"就这样，他开始了自己的讲述。他的条理非常清晰，会用"第一个、第二个、第三个"这样的方式来排序，并且这 3 个故事遵循了从过去到现在的时间发展顺序，从出生到求学到创业，听起来清晰明了。而最重要也是最亮眼的地方在于，每个故事都有特定的目的，表达了鲜明的观点。每个故事的观点表达都使用了总—分—总的演绎式结构。例如第一个故事是关于如何把人生经历连起来。在这个故事里，演讲者讲述了他的身世：被他人收养，因家里无法负担学费而决定退学，并且在退学之后去学习他感兴趣的美术字体，当时并不觉得学习它有什么用，只是凭着自己的直觉和兴趣来学，没想到，10 年后，这些漂亮的字体在设计第一台计算机时用上了。在这个故事的结尾处，他总结了观点："你在向前展望的时候不可能将这些片段连起来，你只能在回顾的时候做这些，所以你必须相信这些片段会在你未来的某一天连起来。你必须要相信某些东西：你的勇气、目的、生命、因缘。这个过程从来没有令我失望，只是让我的生命更加与众不同而已。"他后面所讲述的两个故事也是采用这样的结构和方式，每一个故事都表达了一个独特的观点。演讲者用第二个关于爱与失去的故事，告诉大家应该勇敢去追寻自己热爱的，不怕失败；用第三个关于死亡的故事告诉人们时间有限，应该听从自己内心真实的声音，成为自己希望成为的样子。

3 个故事讲完之后，他用一句话总结了上述的 3 个观点，寄语所有的大学生，这句话也是本场演讲的金句：虚怀若谷，求知若渴。这既是对前面的故事的归纳总结，也是他所发出的行动倡议。他认为每一个年轻人都应该谦虚而真实地对待生活、对待自己的人生路。这个倡议也因为有了前面故事的铺垫而更有力量，从而令观点铿锵有力，让人印象深刻。

这就是归纳式结构。归纳式结构的特点在于，因为一开始没有明确观点，反而制造了悬念，用故事引出观点，更能吸引听众的注意，可以说是"步步为营"，这使得最后观点的提出更加顺理成章，观点也更具说服力。

5.2.3　问题式

问题式也叫解决问题式，可以表示为提出问题—分析问题—解决问题，也可以是引出话题—讨论话题—总结观点，如图 5-7 所示。

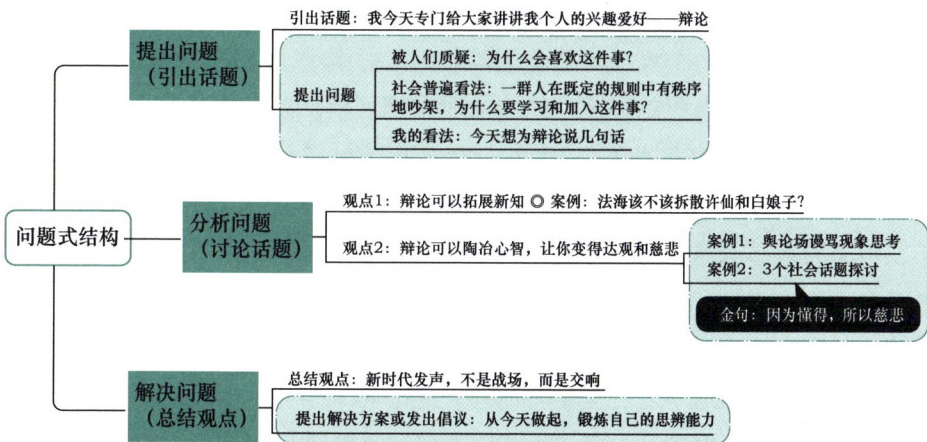

图 5-7　问题式结构

某高校老师做了一场题为《我们为什么要辩论》的演讲，其内容为问题式结构。

该老师在演讲的开场先引出话题：*"我今天专门给大家讲讲我个人的兴趣爱好，我想跟大家说一说'辩论'"* 他就这个话题提出两个大家都关心的问题，"大学没有这个专业，也没有对口的工作，这个爱好如何能转化成现实的收益？一群人在既定的规则中有秩序地吵架，你为什么要学习和加入这件事？"这两个问题一提，听众会觉得很有意思，也很有讨论的必要，这就为接下来的分析探讨奠定了基础。

接下来，该老师开始分析这些问题，他确定了两个观点，第一个观点是辩论可以拓展新知给予事物新的认知角度。他以某次辩论赛中的一个辩题为例：法海该不该拆散许仙和白娘子？如果从道义和情感的角度来看，显然，法海不该拆散这对有情人。但是从文学艺术的生命力角度来看，如果法海没有出现，这部文学作品就失去了相应的审美价值；没有了法海，就没有了水漫金山、雷峰塔倒、断桥相会。第二个观点是辩论可以陶冶心智，让你变得达观和慈悲，并用了两个案例来证明。

最后，该老师总结了观点："我们应该努力锻炼自己的思辨能力，不以个人的喜好去判定事物，而应该以辩论的心态、包容的心态去理解他人。只有这样，新时代发声才不会是战场，而是交响，而我们每个人才是真正的新时代发声人。"

5.2.4　时间式

时间式是按照时间发展的顺序来进行演讲的结构，可以表示为昨天—今天—明天。这种结构可以在讲述个人经历、做述职报告或者在企业发展论坛上演讲时用。

例如，做述职报告时，首先从自己初到某个岗位开始，讲述自己与这个岗位的适应、磨合过程，其间可以讲一些重要节点的故事，阐释自己对这个岗位的理解，然后谈一谈自己付出的努力、获得的成就等，最后表达对工作的展望、对自己的要求、对未来的期待等。

2020 年，创始人雷军在小米创立 10 周年庆典上的演讲长达 3 小时，但并不让人觉得乏味，原因就在于他使用了时间结构，讲述了品牌的成长故事，并选取了每个阶段具有代表性的故事来分享（见图 5-8），既完成了新品发布，又完成了对品牌文化的塑造和推广。

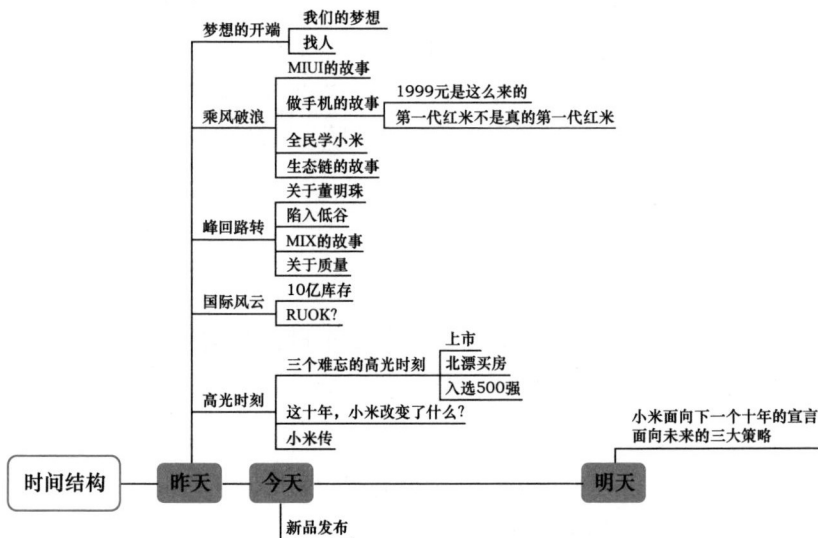

图 5-8　时间式结构

这就是时间式的演讲。从时长上看，这场演讲很长、内容很多；但从结构上讲，这场演讲非常简单，条理很清晰，遵照时间线来划分阶段和要点，使用关键词句，对演讲者而言是非常便于掌握的，应用也非常广泛。

5.2.5　并列式

并列式结构，也称关键词（句）结构。这种结构常用在互动演讲中，如新闻发布会、即兴访谈等，就是把自己要讲的要点用关键词（句）的方式列出来。这些要点之间可以无关联，也可以有内在联系。按照重要性的不同，这些要点可能有先后顺序的差别，但彼此之间是并列的，演讲者按照这些要点依次说明和讲述。例如，2021年全国五一劳动奖章获得者吴峰在一次学习交流会上发表过一次即兴演讲，他用到了这个结构，用"感谢、感动、感慨"3个关键词讲述了他学习的感受，如图5-9所示。

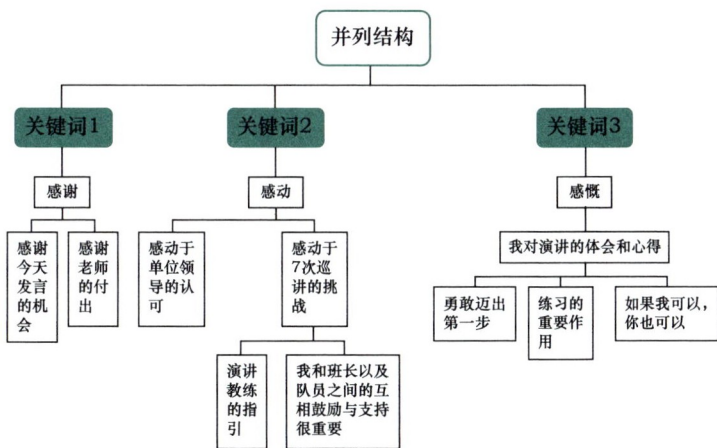

图 5-9　并列式结构

当然，使用什么样的关键词（句）取决于自己的习惯，列出要点是为了提示内容。我们还可以根据需要在每个关键词（句）下面写下分要点来提示自己。

例如，下面的演讲词就用了以下3个关键句来统领结构。

（1）我看着你们，满怀羡慕。

（2）我看着你们，满怀敬意。

（3）我看着你们，满怀感激。

所有的内容都围绕这 3 个关键句来展开，而其中的 3 个关键词"羡慕、敬意、感激"正是演讲者对青年一代的看法和称赞。这就是并列式结构的运用。

以上就是 5 种常见且适用性很强的绘制演讲地图的方法，在准备演讲稿时，演讲者可以根据实际情况选择一种或者几种使用。

学演讲就是学思维，思维有条理了，演讲就会有条理。这就像是画地图一样，你从哪里出发、到哪里去，可以有很多条路径。你可以选择最节约时间的那条，也可以选景色最美的那条，还可以选人最少、路最宽的那条，总之只要你愿意认真地画，就一定能够到达自己想去的目的地。

思考与训练

1. 常用的演讲结构有哪些？

2. 演绎式和归纳式有何区别？

3. 如何使用关键词（句）演讲法？

5.3　提升演讲效力

当我们已经知道要讲些什么内容时，演讲就基本成形了，但这并不意味着我们可以讲得很好很生动。我们需要使用一些技巧，例如可以利用互动拉近与听众的关系，使用恰当的人称，营造合适的氛围，实现共情，与听众在情感上达成共鸣。作为演讲者，我们还需要学会如何讲好故事，用故事来吸引听众和指引听众，让听众更好地理解我们的观点。

5.3.1　实现共情

"感人心者，莫先乎情"。演讲具有真挚而热烈的情感才能打动人心，引起听众的共鸣。这就要求演讲者学会共情，能够站在听众的角度思考，说出听众所想、所求，让听众认为"你懂我"，从而与听众实现心理相容，达到心灵上的沟通、情感上的融洽与行动上的一致。简单来说，演讲的共情，就是为了让听众与演讲者产生共振，这样演讲内容才会在情绪上影响听众。

但是，要与听众实现共情，必须有恰当的载体才行，演讲者要思考通过什么样的方式将自己的情感与观点传达给听众，听众才更愿意接受，这也是提升演讲生动性的关键所在。

下面3种方式，就是与听众实现共情的有效载体。

1. 恰当的人称

初学者很少关注"我、你、他"这3个人称在演讲中所起的作用，但有经验的演讲者会通过在演讲稿中巧妙地使用人称，让听众感受到被尊重、被关注，感受到语言的温度，从而与演讲者统一立场、产生共鸣。我们可以尽量多地使用第一和第二人称，用"我"和"你"来演讲，会起到更好的效果。

举个例子，某卫视主持人在一次演讲中大量使用了第一人称。

"大家好，我是一位节目主持人，我做主持人18年了，像今天这样的舞台，这样的灯光，这样的摄像师，这样的氛围，我应该特别熟。但是今天，一个人站在这个舞台上，感觉非常奇妙，甚至说奇怪，还好有你们在现场。诸位亲爱的观众朋友，我说主持人站在舞台上，应该像春风一样，让舞台上的一切变得那么自然，那么妥帖，就像顾城写的诗一样：草在结它的子，风在摇它的叶，我们站着什么都不说，就十分美好。我有时候特别希望自己在舞台上站着，什么都不说，就十分美好……"

使用第一人称会很容易显出一个人的真诚和真实，因为他是在描述自己，可信度和亲近感会自然而然地增加，从而迅速吸引听众的注意，缩短听众与演讲者之间的心理距离。

演讲其实就是演讲者跟听众沟通交流的过程，用"我"和"你"会加强这种互动感，拉近演讲者和听众的距离，使听众感受到被关注，也更加容易产生共情。恰当使用人称能巧妙地将重点转移到听众身上，引起听众的注意。

2. 演讲者的态度

演讲者是有人物设定的，但这个人物设定并不是演出来的，而应该是真实的自我。这就要求演讲者敞开心扉，保持平等分享的态度。

分享是和说教相对的一个概念。平等分享是演讲者的自我定位，演讲者要有礼物心态和分享精神，核心在于建立平等的关系。而说教是一种强势的、基于不平等关系的灌输，是一种演讲者自上而下的高姿态的教育行为，必然使听众感到不适。演讲者要懂得尊重听众，而尊重的前提在于平等地交流与分享。演讲者即使是某个行业的专家，在面对听众时也应该放低姿态，作为一个普通人出现在听众面前，与听众建立一种"我们是一类人""我们面临共同的问题""我们一起来解决问题"的相互理解、相互需要的融洽关系，这样才能将听众"拉拢"到自己的"阵营"之中，顺利实现演讲目的。演讲者的态度，直接决定听众对演讲的接受程度。

某奥运冠军在《开讲啦》节目中发表过一段演讲，他的开场是这样的。

"大家好，其实今天来到这个舞台，对我来说挑战很大。因为我当运动员时获得的冠军是靠自己打出来的，不是靠讲出来的，所以我还是有点紧张。我想更多地跟大家分享一下奥运经历，因为我跟别的嘉宾不一样的地方可能就是我有很多次奥运经历。"

作为奥运冠军，他有理由骄傲，但是并没有给人一种居高临下的感觉，他的演讲一开始就让人感到真诚坦率。因为他用自己奥运冠军的身份，以一种平等分享的姿态给听众带来了特别的礼物，让听众非常愿意聆听他的演讲，也更容易接受他的观点。

某企业家在大学的毕业典礼上是这样说的："我今天很荣幸能和你们一起参加毕业典礼，斯坦福大学是世界上最好的大学之一。我从来没有从大学中毕业。说实话，今天也许是我离大学毕业最近的一天了。今天我想向你们讲述我生活中的 3 个故事。不是什么大不了的事情，只是 3 个故事而已……"

他们都以非常真诚而平等的态度分享了自己的故事和观点，让人感受不到说教，而是一种朋友般的分享。演讲者带着谦虚真诚的态度，更能赢得听众的信任和支持。

3. 互动交流

互动交流就是演讲者通过与听众进行互动，化解尴尬、营造气氛的一种共情方法，可以在演讲的任何时候使用，尤其是在冷场的时候，或者气氛不够热烈的时候。互动是很好的调动现场听众积极性的方式。

举个例子，一个演讲者以《如何让压力成为你的朋友》为题展开了演讲，开场的一段内容如下。

"我要坦白一个事实，但是首先，我希望你们能够对我坦白一点，只要举手就好。在过去的一年里，你们是否经历过相对较小的压力？那么中等的压力呢？

谁又经历过很大的压力呢？好的，我也一样。

但这不是我要坦白的。我要坦白的是：我是一个健康心理学家，我的任务是使人们更加开心和健康。但是，过去10年恐怕我所教授的东西带来的坏处要超过好处，这些都与压力有关。多年以来，我一直告诉人们，压力会使你们变得脆弱，压力会增加患上很多疾病的风险：从普通感冒到心血管疾病。事实上，我把压力看作敌人。但是，我已经改变了我对压力的看法，而且今天，我也要改变你们对压力的看法……"

演讲者在一开场就使用了互动的方法，和听众建立了有效的连接，通过问题的设置让听众关注到压力这个话题。

另外需要特别提及的是，演讲者展示了一种诚实和坦率的态度。尽管他是一个健康心理学家，但他是用平等分享的姿态在和听众交流，他没有说"你们应该改变对压力的看法，你们不应该把压力看作敌人"。相反，他进行的是一种个人体验式的分享，通过讲述自己与压力进行斗争的故事给人以启发。他很轻易地将听众拉入了自己的"阵营"，引起了有类似经历的听众对于压力这个话题的关注，使演讲不再是我讲你听的被动接受关系，而是我们共同面对问题、一起探讨问题的"同盟"关系。这样的演讲也更容易使听众产生共情。

5.3.2　讲好故事

故事在演讲中起着举足轻重的作用，一场好的演讲离不开好的故事，一个好的故事能成就一场好的演讲。我们要善于使用故事思维。

例如某企业家的一段演讲。

"我决定去参加这个课程，去学学怎样写出漂亮的美术字。我学会了怎样在不同的字母组合之中改变空格的长度，还有怎样才能创作出很棒的印刷式样。那是一种不能捕捉到的、美丽的、真实的艺术精妙，我发现那实在是太美妙了。

当时看起来，这些东西在我的生命中好像都没有什么实际应用的可能。但是10年之后，当我们在设计第一台计算机的时候，就不是那样了。我把当时学的那些家伙全都设计进了机器里，那是第一台使用了漂亮的印刷字体的计算机。如果我当时没有退学，就不会有机会去参加这个我感兴趣的美术字课程，我设计的计算机里就不会有这么多丰富的字体，以及赏心悦目的字间距、这么美妙的字形了。当然我在大学的时候，还不可能把从前的点点滴滴连起来，但是当我 10 年后回顾这一切的时候，真的豁然开朗了。"

在这段演讲里，该企业家运用的就是故事思维。他讲述了自己的故事，在故事讲完以后，解释了这段经历所具有的重大意义，他所要表达的观点就清晰可见了。

但故事一定要讲得生动有趣、让人爱听，才能自然而然、润物细无声地把观点植入进去，这就需要一些技巧和方法。

那么，演讲中怎样讲故事才能既生动，又引发听众的情感共鸣呢？

总结起来，在演讲中讲好故事可参考以下 4 个条件。

1. 故事要以悬念或冲突开场

讲故事的第一步就是找到悬念或冲突，这样才能让听众对后面的演讲内容充满期待。

在某场宣讲活动中，一位来自中国石油化工集团的宣讲者李 ×× 是这样开场的。

"我是一个普通的加油站站长，我所在的加油站叫作知音加油站，我在这里工作 30 年了，我以为这辈子就这样了。但万万没有想到，今年一切都改变了，我被卷入一个前所未有的事件里，它推着我往前走，走出了我从来也不敢想象的人生……"

他一开始就设置了一个悬念："万万没有想到，今年一切都改变了……"听到这里，听众就会开始思考：发生了什么事？到底什么改变了？

悬念或冲突是故事的必要铺垫，也是整场演讲的第一个"看点"，它需要为后面故事情节的发展做准备。而有了这样的悬念或冲突，听众才会有兴趣继续听后面的演讲。

2. 故事要有生动的细节

生动的细节描述不但能增加演讲的感染力，还能让演讲内容更加真实可信、深入人心。共情首先来源于可信度，听众只有对演讲者建立了信任，才会接纳演讲者传递的观点。

举个例子，2021 年，在节目《开学第一课》上，张桂梅站在学校操场上给全体同学讲述了她的故事，给听众留下了深刻印象。

其中有一段是这样的。

"我教的初中班里经常有人辍学。我去家访的时候，看见一个小姑娘，她把一个筐、一把镰刀放在田埂上，远远地朝山外望着。天已经很晚了，我就问：'姑娘你干吗？在这儿坐着干什么？天已经很晚了，再不回家就有点危险了。'她不说话，我不知道为什么她不说话，我就等着。等了将近半个小时，她回答了我：'我想读书！'……"

这样简单的一个场景的描述，之所以让人深深感怀，就得益于这段描述中的细节呈现。"一个小姑娘，她把一个筐、一把镰刀放在田埂上……"，这些细节构建了一幅画面，画面里有色彩、有情绪，接着就是一段对白；加上演讲者生动的讲述，赋予简单的文字以感染力，让听众深受触动，产生共情。

3. 故事要有画面感

要把故事讲得生动，离不开有画面感的语言。演讲者要像在听众面前展开一幅画面一样，让听众不由自主地跟随自己的语言去欣赏这幅画面。

某主持人的一段演讲如下。

"美国有一位有名的艺术家叫约翰·凯奇，他曾写过一部钢琴曲《4分33秒》。演奏家站上舞台，打开琴盖，放上琴谱，端坐好，但之后的时间里，他没有碰触一下琴键，一直静静地坐着。头10秒，大家在等待中度过，认为演奏家有可能在酝酿情感。慢慢地，听众们有一些躁动；又一会儿，有人打哈欠了；渐渐地，现场响起各种各样的声音。到了4分33秒，演奏家起身，收起琴谱，盖上琴盖说，'我的演出完毕'，然后走出演奏厅。全场听众感到莫名其妙，但是安静下来以后，听众们体会到，虽然刚刚那段时间什么音乐都没有，但是他们听到了琴键以外的声音：自己的心跳、呼吸、小声的议论、些许的躁动。所有的这一切，仿佛变成了《4分33秒》音乐的一个组成部分。"

这是对一个演奏现场的描述。为什么主持人要描述这样一场特别的演奏？因为他在描述之前说："我有时候特别希望自己在舞台上站着，什么都不说，就十分美好。"但是这种情感无法通过抽象的语言来形容，于是他选择用一个场景、一幅画面来表现这种只可意会不可言传的美妙体验。这就是画面的意义，同时有画面感的语言可以给人一种身临其境的沉浸感，使故事更加生动迷人。

4. 故事中要有心理描写

在一场演讲中，听众可能来自四面八方，年龄不一，但有一点可以确定：他们都富有情感，内心都有柔软的地方。因此在故事中适当加入心理描写，往往就能使听众感同身受，与演讲者实现情感的共鸣。

2011 年，一位滑雪运动员受邀在 TED 进行了一次演讲。在演讲中，她讲述了自己因患脑膜炎而导致小腿被截肢的经历，其中有一段是这样的。

"一天，我很早就下班回家了，因为我感觉自己得了流感。不到 24 小时之后，我就住进了医院，靠医疗设备维持生命，我的存活概率只有不到 2%。几天后，我陷入昏迷，那时医生才确诊我患上了细菌性脑膜炎……几周后，我第一次看到了自己的'新腿'。所谓的'新腿'，就是笨重的金属块，通过管子与踝关节和黄色的橡胶脚连接在一起，从脚趾到踝关节还有凸起的橡胶线，看起来就像静脉。我不知道自己想要什么，但反正不是这样，从身体到精神，我已经彻底崩溃了……"

这段演讲不但给听众设置了大大的悬念，还加入了相应的心理描写，营造出一种紧张甚至令人窒息的感觉。所有人都想知道她后来怎么样了，因此，听众会更加专注地听后面的演讲内容。

5.3.3　打造亮点

一场成功的演讲，要有让听众印象深刻的点：或让听众莞尔一笑，觉得有趣；或让听众深受触动，产生共鸣；或让听众恍然大悟，醍醐灌顶；或让听众陷入沉思，有所收获。这些就是演讲的亮点。

演讲中如果能有这样一些亮点，听众就能记住你。这就需要演讲者结合演讲的目的做深入的思考，挖掘和提炼出自己的演讲中最有特色的地方、最重要的道理、最新颖的观点，然后进行亮点的设计。

常见的方法主要有以下几种。

1. 制造泪点

如果你想要讲一个很感人的故事，那么你要善于制造泪点。

在一次演讲节目中，某主持人讲述了自己与父亲的关系。刚开始时，听众都被父子二人几十年的故事逗乐了，但是笑着笑着，有的人就哭了，因为听众从故事中仿佛看到了自己与父亲的关系。

下面是演讲的一部分。

"我的父亲身上有着无数中国父亲的缩影，他传统守旧，但是他一辈子都恪守着做人的良善和职业的尽责。我的父亲节俭甚至吝啬，但是当我买房的时候，他把省吃俭用下来的每一分钱都拿了出来，毫不犹豫。我的父亲一辈子都在奋斗，为了家人，为了孩子，为了孩子的孩子，但是唯独忽视了他自己。

爸，如果有来世，我希望能跟您再做一回父子，我们交换一下位置，我做爸爸，您做儿子……爸，给我一个机会，让我把您给我的爱，加倍地还给您，让我们再续一世情缘。

爸，我很想您。"

当最后一句"爸，我很想您"说出来时，很多听众已经泣不成声。这句话就是泪点。

这段演讲的泪点在于恰到好处的个人情感抒发，在于许多人似乎永远也说不出口却一直在嘴边的那句话。感人之处不在于主持人怎样与父亲诀别，他只是真实描述了自己眼中父亲的形象，那个并不完美却生动的父亲，而那些琐碎生活中的点滴映射出了中国大多数父亲的影子，就像朱自清笔下的《背影》，寥寥数笔，催人泪下，于是一句"爸，我很想您"深深地引发了听众的共鸣。

2. 制造笑点

诙谐幽默是演讲的一种风格、特色，同时也是一大亮点。那些让人忍俊不禁的笑点，往往让人印象深刻。听众在听完演讲后，可能会忘记演讲的内容，但一定不会忘记演讲带给他们的愉快感受。所以，笑点在演讲中非常重要，它所产生的谐趣对听众具有巨大的吸引力和感染力，也能让听众在愉悦中接受深刻的道理。这样的表达一直都得到人们的喜爱。

例如，在"庆祝东湖风景区成立70周年"演讲比赛中，一位从事财务工作的选手上台后，是这样开始她的演讲的。

"大家都说东湖美，如果我说我看不见她的美，你们一定觉得很奇怪。前段时间，东湖梅园的樱花开了，我和朋友相约赏花。面对盛开的樱花，大家纷纷拿出手机拍照，赞叹这樱花的美，我却站在一旁嘟哝了一句：'去年的景观升级维护又花了几百万元呢！'别人看见的是花，我看见的却是道路养护多少钱、园林修护多少钱、水域治理多少钱……"

这个演讲者一开始做好了各种铺垫，如东湖的樱花开了，人们纷纷前去赏花、拍照，给听众的预期就是东湖的樱花真的很美。接着，她话锋一转，创造了一个意外："去年的景观升级维护又花了几百万元呢！"这一下子就推翻了听众之前的预期，听众自然就笑起来了，同时还记住了她的职业。

这个笑点打造得很有力道，既在意料之外，又有情理之中，极具个人特色。这就是幽默的力量，也是演讲中笑点打造产生的效果。

但是，想在演讲中成功地运用笑点，要遵循下面 3 个原则。

（1）不能低俗

在演讲中加入笑点是为了突破听众的心理防线，使听众更容易接受演讲传递的信息，同时化解演讲中的一些尴尬状况，为演讲营造良好的氛围，保证演讲的效果。

不过，幽默不等于低俗，更不能有歧视或有害风序良俗的内容。

（2）笑点打造要少而精

演讲中打造的笑点一定要少而精，不能多而杂。否则，听众一直听笑点，就会忽略演讲传达的思想和观点，这样的笑点就会喧宾夺主，失去了"绿叶"的作用。而且笑点太多也会让听众产生疲劳感，同样影响演讲效果。

（3）笑点要有内涵

演讲中的笑点一定要符合演讲的语境和主题，具有一定的内涵，不仅让听众笑，还要给听众留下深刻印象，引发听众思考，让听众难忘。

3. 制造金句

在电影《哪吒之魔童降世》中，我们记住了那句："我命由我不由天！"这句话就是金句，它短小精悍、意义深远。它之所以让我们印象深刻，是因为出现在矛盾冲突最激烈的时刻，是来自人物内心的呐喊，一瞬间点亮了整部电影，让主题凸显。所以，我们要善于在演讲中打造让人难忘的金句。

金句的特点就是字数少、结构简单、格式整齐、重复运用，这也是源于传播力的要求。那么，该怎样打造令人难忘的金句呢？

（1）善用类比

类比与比喻很像，它是为了解释或说明一个抽象的观点，用一个和道理 A（客体）有共同特征的、听众熟悉的例子 B（主体）去比较，从而让听众触类旁通，这时金句就产生了。

举例如下。

"你们把传统的变成现代的，把经典的变成流行的，把学术的变成大众的，把民族的变成世界的。"

"危和机总是同生并存的，克服了危即是机。"

"懂你的人不言而喻，不懂你的人百口莫辩。"

（2）下定义

这种方法主要是用简洁、明快的语言，对事物的本质特征或概念的内涵、外延做出确切而概括的说明。

举例如下。

"愧疚是最大的负能量。"

"任性是被低估的美德。"

"演讲就是生产力。"

"生活的最佳状态就是冷冷清清地风风火火。"

"每个优秀的人，都有一段沉默的时光。那段时光，是付出了很多努力，却得不到结果的日子，我们把它叫作扎根。"

"时代是思想之母，实践是理论之源。"

（3）使用关联词

我们平时用的关联词很多，有些关联词就可以用来制造金句，包括"不是……而是……""不止……还有……""无……不……""不是……就是……""如果……就……""只有……才……"等。

举例如下。

"百鸟朝凤，不是因为凤会维护人际关系，而是因为她是凤。"

"生活不只眼前的苟且，还有诗和远方。"

"无思想不演讲，无记忆不传播。"

"只有真实，才有直指人心的力量。"

通过以上的方法总结可以看出，金句就是一种凝练的语言。因此，让人听得懂、记得住，能简单有力地传达演讲者的观点与理念的句子，一定能成为演讲中的金句。

思考与训练

1. 共情是什么？如何实现共情？

2. 如何讲好一个故事？方法和技巧有哪些？

3. 演讲的亮点都有哪些? 如何打造?

4. 金句有什么特点? 如何打造金句?

5.4　锤炼演讲语言

演讲本质上是一种口语传播,是靠讲来传达信息的一种语言表达形式,这就意味着演讲的语言既不同于书面语,又不同于一般的口语,而是介于口语和书面语之间的一种特殊语言形式。

5.4.1　演讲语言的特点

很多时候,一篇演讲稿明明写得很优美,但讲出来怎么都不像演讲。很多人以为这是演讲表达技巧的问题,其实不全是,更多是我们撰写演讲稿的方法出了问题。

那么,演讲稿到底该用什么样的语言来写,才能达到现场演讲的最佳效果呢?

我们需要先区别两个概念:口语和书面语。

顾名思义,口语就是用于日常交谈的语言,书面语就是书写和阅读使用的语言。两者最根本的区别在于,因传播方式的不同而带来的一系列使用上的不同。口语的传播主要靠听觉,辅以视觉,除此之外,还可以根据说话人的嘴型、面部表情、手势动作等来辅助进行内容理解。这就使口语表达具备了多重的信息来源,但因为受到时间和空间的限制,口语又具有稍纵即逝的特点。因此,口语表达多用短句子和通俗的词语,既方便记忆,又易于理解。而书面语的传播单靠视觉,依托的是文字这种传播方式,优势是不受时空限制,可以反复阅读。因此,书面语中可以用长句子和更复杂的词语,表达更丰富生动的情感,也更能展示一个人的词汇量和文学造诣。

可见,从传播方式上讲,演讲更接近于口语,但鉴于不同场合的主题需要,演讲又不能完全口语化,因此,演讲语言有它自己的特征和规范,需要结合不同的主题和应用场景做出实际的调整。同样的语言形式不一定适合所有人,每一个人都要在演讲规律的指导下,找到适合自己的语言风格。

5.4.2　演讲语言的要求

演讲语言既然是一种介于书面语与口语之间的、偏口语化的语言形式，那就必须满足以下两个要求。

1. 演讲语言一定要"听得懂"

"听得懂"是写演讲稿的一个原则和底线，甚至演讲者在讲出内容的那一刻，要让听众"秒懂"。如果不能达到这个基本要求，演讲稿的文字再优美、思想再深刻，都毫无意义。

怎样才能使演讲语言"听得懂"呢？

（1）演讲语言要偏口语化

口语作为真正的交际语言，具有通俗易懂、接地气的特点，演讲语言则是偏口语化的语言。口语化的语言有两个特点：一是使用简单易懂的词汇，二是使用短句子。

首先，词汇分为专业词汇和通俗词汇。同一个东西，可能既有专业称呼也有通俗叫法，就像一个人有大名也有小名一样。为了让听众更容易听懂，除非是在专业的学术交流场合，否则在一般的演讲场合我们应该尽量使用通俗词汇。

其次，演讲要用短句子。这是因为短句子好讲、好记又好听。对演讲者来说，短句子讲起来朗朗上口，无须再刻意划分停顿。大多数人不可能一口气读太长的句子，即使能读出来，长句子也不容易理解、缺乏节奏感。因此，尽可能使用短句子不仅利于讲述，也更能体现出语言的节奏和韵律美。另外，长句子不易记忆，演讲者很可能在舞台上出现讲错、卡顿等尴尬情况；短句子通常不会有这样的问题出现，而且短句子易懂。

举例如下。

"我所读过的以及别人读给我听的那些令我陶醉、令我废寝忘食的书，已经变成一座座在我生活的漫长黑夜里向我揭示出人类生活和人类精神的奥秘的伟大而光明的灯塔。"

这是一个典型的长句子，我们在阅读时尚且觉得困难，更别提演讲了。下面我们把这个句子改短。

"我读过一些书，这些书向我揭示出很多奥秘：关于人类的生活，关于人类的精神。这些书让我陶醉，让我废寝忘食。在我生活的漫长黑夜里，它们已经变成了一座座灯塔，伟大而光明！"

句子改短以后，句意没变，但更适合演讲了，因为读出来更加顺畅、动听，有了诗歌般的韵律和节奏。更重要的是，它比长句子更容易理解。

（2）演讲应科学地选择语言

这里的语言主要指的是方言、普通话或者其他语种。演讲的语言并没有统一要求，我们要根据演讲的对象、场合和内容来恰当地选择。

首先要考虑对象。在大多数情况下，演讲中使用普通话比较普遍。这是因为普通话本就是一种通用语言，可以照顾到来自各个地方的听众。而且在今天，普通话是使用最广泛的一种语言，所以讲好普通话，有利于更大范围地传播我们的思想。

但是，有时候演讲者针对特定人群进行演讲，按照"听得懂"的标准，只要听众能听懂、能接受，是可以使用方言或其他语种的。例如在某个社区的宣讲，对象是社区中的居民，那么方言可能更加合适，能很好地拉近演讲者与听众的距离，听起来更亲切自然。

其次要考虑场合。我们知道，普通话和方言在表情达意上有时候具有不同的效果。例如普通话更显正式和规范，有的话用普通话讲出来很正常，但用方言就有了一种诙谐的效果。所以我们有的时候可以利用这一点，制造演讲中的亮点，根据演讲场合和内容的需要选择不同的语言来表达。

例如，某著名教授到武汉的"荆楚科普大讲堂"做演讲时，开场就讲到自己是武汉人，在武汉读的中学，并且用武汉方言跟现场听众打招呼，引来现场的掌声。随后，他使用普通话讲述讲座的正题。

最后要考虑内容。使用什么样的语言取决于演讲内容的需要。例如我们在介绍最新的科研成果时，有时候需要使用其他语种；又如介绍某位科学家、介绍某个专有名词，可以根据需要来进行语言的转换。但我们的目标仍然是以"听得懂"为主。

（3）演讲语言必须简单易懂，避免歧义

演讲信息极依赖声音传播，很容易因为吐词不清、断句不当、重音有误等问题影响表情达意。所以，演讲语言必须能够确切、清晰地表达内容，演讲者必须准确地使用各种概念、定义，切忌使用模棱两可的句子。

例如"致癌"和"治癌"，读音一样，表达的却是截然不同的两个意思，

那么在演讲中如果要使用，就必须进行同音区分，用"导致癌症"和"治疗癌症"来解决歧义的问题。

这就是典型的同音字造成的歧义。

如果要在演讲中引用诗词文章，也要引用常见的、易于理解的；如果非要引用不易懂的诗词文章，必须对其加以解释说明，以帮助听众理解。

唐代著名诗人白居易，其诗歌题材广泛、形式多样，深受后人喜爱。他每次作完一首诗后，都要先请邻居家一位老妇人读一读。如果老妇人听不懂或嫌弃他语言烦琐，白居易就会拿回去继续修改，直到老妇人能够完全听懂、理解为止。因此，白居易的诗大多通俗易懂、深入人心。

2. 演讲语言一定要"读得顺"

有些人写出来的演讲稿用词华丽，读起来却很拗口，这就不符合演讲语言的要求和原则。演讲者站在演讲台上时，原本内心就紧张，如果再遇到有难度的词语，难免出错。

"读得顺"是因人而异的，同样一篇稿子，有的人读起来顺畅，有的人读起来拗口，这跟个人的说话习惯有关，不能一概而论。尽管在朗读上我们有一定的技巧和方法，但也需要长时间的练习，因此演讲者完全可以选择更适合自己的、难度更低、读起来更顺的说话方式。

这就是说，在写演讲稿时，我们需要用讲的方式来检验这篇演讲稿的语言是否适合自己，读起来是否顺口。长句子读起来很难，可以改短；同音字可能产生歧义，可以换个词；句子读起来有些拗口，可以调整一下。总之，一定是演讲稿适应演讲者的说话方式，而不是演讲者去适应一篇演讲稿。大声地讲出来，才是修改演讲稿最好的方式。当然，我们还可以用录视频的方式把自己的演讲录制下来，然后站在听众的角度来听，看看听起来是否通俗易懂、重点突出。

5.4.3　演讲语言的使用

语言大师老舍先生曾经说过："我们最好的思想、最深厚的感情，只能被最美妙的语言表达出来。如果表达不出来，谁能知道那些思想与感情怎样好呢？这是无法分离的、统一的东西。"这里"最美妙的语言"可以理解为生动形象的语言。

撰写演讲稿时，善于运用生动形象的语言，就能把一些抽象、深奥的理论具体化、浅显化，使之变得绘声绘色，让听众易于接受并得到启示。

1.语言形象化

要使演讲的语言变得生动形象，演讲者就要善于在演讲中使用修辞手法。演讲中最常使用的修辞手法是比喻和排比。

（1）比喻

比喻是演讲中最常用的修辞手法之一，是用具体、浅显、为人们熟知的某种事理或情景来形容另一种抽象、深奥、生疏的事理或情景的修辞手法。在演讲中运用比喻，可以让演讲变得更加形象生动、易于理解。

例如，某企业家在演讲时曾说："生命抛来一颗柠檬，你是可以把它榨为柠檬汁的人。要描绘自己独特的心灵地图，你才可能发现热爱生命的你，有思维、有能力、有承担，建立自我的你，有原则、有理想。"

他用柠檬比喻生命的馈赠或者遭遇的事情，无论是好的还是坏的，用柠檬汁表示你对生命遭遇的接纳和消化，表达了一种积极的生命态度。

比喻不只是一种修辞手法，还可以是打比方的论证方法。

例如，某企业家有一段演讲："当我们大家在一起讲理想的时候，犹如爬山之前在山底下散步，这个时候每个人都信誓旦旦地说'我要上山顶'。大家仔细看，走一会儿，就只剩下一半人了，你再走，就剩五六个人了，其他人都落后了。然后在半山腰的人开始说风凉话，说'上去干吗，上去了也得下来'，底下的人说'有这工夫，不如去看电影、谈恋爱、旅游'。这些人都在给自己找理由，最后就剩下一个人上了山顶，而这个人告诉大家，'我看见了很多风光，看见了很多风景'。但仍然有很多人不以为意，说照片上也有；要不就说自己没上去，不信这事儿。"

这就是用了打比方的论证方法，其实这种方法在讲道理的时候经常用到，因为用大量生动的类比和案例才有助于把道理讲清楚。

（2）排比

将3个或3个以上的意思密切相关、结构相似、语气连贯的句子排列起来，就是排比。

在演讲中运用排比可以烘托气势，将整场演讲的气氛推向高潮。

另外，还有很多的修辞方法可以运用在演讲中，例如夸张、拟人、移情等。

只要有助于主题表达，我们就可以借助各种修辞手法来使演讲的语言更加形象生动。

2.语言场景化

语言场景化是指语言要把人们引入一幕幕场景中，带来沉浸式体验。

例如，生物学家谢华安在他的演讲《种植业如何影响中华五千年社会兴衰》中这样说。

"我不知道在座的各位同学懂得饿的滋味吗？懂的请举手。当人们非常饥饿的时候，口水就会拼命地流。饿到极端的时候，你只喜欢躺在地上，晒晒太阳，苍蝇、蚊子在你脸上、头上飞，你感到赶苍蝇的力气都没有。我从小就懂得饿，所以我从小就想，大家都有一碗饭吃，该多好啊！……"

这就是一段场景化的语言，用体验式场景描述了饥饿的感受，给人很真实的感觉。

思考与训练

1.演讲的语言偏向口语还是书面语？有什么特点？

2.演讲的语言有什么要求？

3.演讲的时候如何使用合适的语言？

本·章·小·结

　　好的演讲离不开好的演讲稿，要写出优秀的演讲稿，写作能力是演讲者必备的能力。演讲者要学会使用演讲三段论来组织演讲内容；还要学会绘制演讲地图，学会在演讲中运用实现共情、讲好故事、打造亮点的方法提升演讲效力；同时要充分考虑演讲语言的口语化特性，确保听众听得懂、记得住，为打造成功的演讲奠定基础。

本章习题

1. 请运用演讲三段论向大家介绍你喜欢的一部电影。

2. 这是一个园林设计专业学生所写的演讲稿的开头，请帮他修改成演讲的语言。

永和九年，兰亭处士大夫们曲水流觞、畅叙幽情；晋太元中，武陵人忽逢桃花源。当时，"魏晋风流"成为社会风尚，这种寄情山水的思想作风，也导致知识分子阶层对大自然有了更进一步的认识和理解。自此，对于一般的中国人来讲，他的生命总有两面，一面叫钟鼎，一面叫山林。人终究不能脱离自然，古人今人无一例外都渴望着自然的广阔天地。东湖今年高分通过全国示范河湖验收，成功完成由"最大城中湖"向"最美城中湖"的蜕变。在东湖，仅一"墙"之隔，墙外是车马喧嚣，墙内是山湖隐逸。在我看来，东湖就是我们身边的"桃花源"。

3. 谈谈你对 "我们手里的物质财富是保持幸福的唯一工具"这句话的认识。请结合自身实际，写一篇不少于 1500 字的演讲稿。

4. 请在配套资源的演讲稿中任选一篇，按照演讲三段论进行剖析，并画出演讲地图。

3

板块三

开启你的
演讲

6

第 6 章
掌控演讲现场

本章学习目标

1. 了解演讲中的声音表达技巧及形象设计要点。
2. 学习调整状态的方法，巧妙应对演讲中的各种突发状况。
3. 掌握在演讲中使用 PPT 的技巧和道具的使用方法。

课前热身 ●●●

有感情地朗读一段你喜欢的散文或者诗歌。

要想让演讲内容更好地呈现，演讲者需要掌握现场演讲的一些技巧，学会清晰流畅地表达，用声音和台风展示内容魅力，灵活应对演讲现场出现的各种突发状况，运用 PPT 或者其他道具助力演讲表达。

6.1　演讲中的好声音

在演讲中，声音是最重要的传播媒介，演讲者需要靠声音来传递内容和情感。那么，演讲者到底应该追求什么样的声音呢？是否应该有播音员一样美妙动听的声音呢？演讲和朗诵、播音不一样，在演讲中，声音是思想内容的载体。

一个人的声音是多变的，年轻的时候会有稚嫩感，中年的时候会有厚重感，这不仅源于声带的变化，还源于岁月的磨砺和阅历的增加，以及思想和性情的变化。声音可以承载很多的信息，声音本身拥有让听众产生共情的能力，所以演讲者应该立足于自己的声线特点，练出富有特色的、饱含情感的、蕴藏故事的声音。演讲中真正打动听众的，一定是演讲者卓越的思想和口才，所以我们的目标不是改变声音，而是去适应它、美化它、锻造它，把声音变成我们的特色和标签，使我们的声音独具魅力。

6.1.1 声音的练习与控制

人的声音好听与否，取决于两个要素。一是音质，这是由人的发音器官决定的。女性的声带薄而窄，发出的声音尖而细；男性的声带厚且宽，发出的声音低沉厚重。因此声音天然有粗细之分。二是发音方法，声音有高低、轻重、起伏、长短等的不同，它们会影响声音的美感，更重要的是会影响语言信息的充分表达。声音的练习要讲究方法，每个人的音质是天生的、无法改变的，但发音方法是可以后天训练的，长期的专业练习可以使我们拥有更具美感的声音。作为演讲者，我们首先应该接纳自己天然的音质，在此基础上运用恰当的发音技巧，力求使自己独特的声音和演讲内容一样具有魅力，用声音赋予演讲内容生命的活力。

正如演讲的语言有"听得懂""读得顺"两个要求一样，演讲中对声音的要求也非常简单："听得见""听得清"。前者是对演讲者音量的要求，后者是对演讲者内容表达的要求。演讲者要善于通过控制声音的高低、轻重、停顿、起伏等，让自己的演讲更易理解、更加生动。

1. 控制音量

一般来说，演讲的音量比正常说话时要高一些，但是高多少呢？太高了，听众听起来不舒适；太低了，后排听众听不见。我们需掌握的标准就是"听得见"。演讲者的音量要合适，在保证听众都能听见的前提下，还要让听众听得舒适。

现在的演讲活动一般都有话筒，让所有人都听见并不困难，但是却很容易出现另一个问题：炸耳朵。很多人在演讲时会非常用力，有时为了表达激动的情感，还会声嘶力竭地大喊，似乎不喊就体现不出自己的热情和气势。我们知道，在使用话筒时，厚重的男性音质不易让人感到刺耳，但很可能因为共鸣太大而使语言含混不清；女性的音质尖细，清晰度较高，但音量过大就会显得尖利刺耳。所以男性需要加强发音清晰度的训练，而女性需要加强发音厚度的训练，使自己的发音位置靠后，尽量避免声音过于尖细。这些都需要专门进行日常练习。

此外，我们要规范话筒的使用方式。

一是话筒与嘴巴的距离以一拳头为佳，太近容易喷话筒，太远容易听不见。无论是手持话筒还是立式话筒，我们在调整高度和位置时可以在这个距离范围内做调整。

二是握话筒的姿势以不遮住嘴巴为佳。手持话筒的时候，演讲者的手持方式和歌手唱歌是不一样的，不要遮住自己的面容和嘴唇。也就是说，我们不能使话筒垂直正对着嘴唇，否则会影响听众看见自己的细微表情变化和眼神动作。这也是演讲者整体台风的重要组成部分。

总的来说，一个人演讲时的声音确实应该比平时说话的声音大一些，响亮的声音可以为演讲增加气势，有时候也是出于情绪渲染的需要。但任何事情都是过犹不及的，在演讲中你不但要保证自己的声音能被听众听见，还要收放自如，保持声音的美感，不要让听众产生不适。

2.练习气息

一个人的音质是无法改变的，但我们可以运用科学的手段，通过学习练气发声，扬长避短，使自己的声音听起来更悦耳。人的声音共鸣位置有所不同，分别有鼻腔、口腔、喉部、胸腹4种。仅靠口腔共鸣，声音会比较小，显得中气不足。说话时间长了觉得嗓子疼，一般都是因为发音位置仅在口腔和喉部，所以声带很累。如果采用胸腔共鸣，学会用气发声，口腔、喉部、胸腹形成一个完整的腔体，共振体变大，就会发出比较浑厚的声音，长期练习，就会"声如洪钟"。

那么，我们该怎么练习呢？首先要练习气息，气息是声音的发动机，声音的高低错落都需要强气息的支撑。声音小被形容成"气若游丝"，就是因为气息支撑不够，因此练习气息是发声的基础。

练习气息其实就是练呼吸，这要分4个阶段来完成。

（1）练"蓄气"

我们平时呼吸一般是浅吸浅出，而演讲和唱歌需要较长的气息，所以要练习深呼吸。具体来说，就是深吸一口气，再缓缓呼出，坚持时间越长说明气越足。

要注意的是，呼气应均匀，不能太勉强，呼出气息不稳的话，说话声音就会不稳。

①"闻花香"练习。一般来说，我们练习"长吸缓出"要反复 4～6 次。每天清晨起来后，可用"闻花香"的方式练习吸气，然后缓慢呼出。呼气时要用鼻子，不能"泄气"，用时尽可能长。"闻花香"的要点在于用鼻腔深深地吸气，手放在腹部，感受腹部的起伏。开始时如果感受不到腹部起伏，也可以平躺，把手放在腹部再深呼吸，就会感受到腹部明显的起伏。时间长了再站立练习，也能够感受到腹部的起伏。

②"狗喘气"练习。顾名思义，就是像狗喘气一样呼吸，目的是锻炼我们的横膈膜，使气体出入畅通，为声音提供气息的支持。"狗喘气"练习的要点在于，身体站立，慢慢吸气，吸气时下腹放松，上腹内缩，吸到上腹差不多满的时候，嘴巴自然张开，舌头与下巴放松，后背用力，保持胸部挺立，迅速而有弹性地"哈气"；完成之后，上腹自然收回。这样的一吸一呼反复进行，由慢到快，持续 3～5 分钟为良好，持续 5 分钟以上为佳。刚开始练习时会感到上腹部肌肉酸痛，这是正常情况。每天练习多次，可以有效提升气息支撑力。

运用这些方法练习时不能求快，要循序渐进、逐渐提高。

（2）练"出气"

当"蓄气"练习到一定阶段，感觉气息比较平稳后，就可以测试一下自己的训练成果了。

这也有两种练习方式，由浅入深。

① 数数字。深吸一口气，憋住，然后开始说出以下文字：一二三四五六七八九十，十九八七六五四三二一……看自己能数多少个来回，并且必须在一口气内数完，中间不可换气。

② 数枣。深吸一口气，憋住，然后开始说出以下文字：出东门，过大桥，大桥底下一树枣，青的多，红的少，一个枣，两个枣，三个枣，四个枣……十个枣，九个枣，八个枣，七个枣……反复进行，同样要在一口气内完成。

以上方法需每天坚持，同时循序渐进，不要求快。此外，还可以使用仰卧起坐等锻炼方式来训练腰部肌肉，配合跑步、游泳等增大肺活量的训练，因为腰部肌肉力量和肺活量都会影响声音的力度和气息。

（3）练"嘿哈"

人在发怒时会怒吼、大叫："嘿，你在干吗！"这声"嘿"就采用了腹腔共鸣的发声方式，声音浑厚有力。练习"嘿哈"的要领就在于打开口腔、放松下巴，大声发出"嘿——哈——"两个音。这两个音要用气发出，而不是用嗓子吼出来。一般 20 次为一组，每天练习 3～4 组。长此以往，声音就会变得很有力量。

　　我们在练习气息的时候，要找到共鸣的感觉，避免用口腔和嗓子去费力说话，而应该用气息带动声带振动，掌握胸腔共鸣的发音方法。我们可以寻找一间空房间来练习共鸣，找到打哈欠的那种发音感觉。真正的丹田发音应该是发出的声音略粗，发音位置比较靠近后脑勺。我们可以通过练"嘿哈"来寻找准确的发音位置，找到共鸣的感觉。

　　（4）朗声诵读

　　在练习气息到一定阶段后，就可以尝试"朗声诵读"的练声方法了。朗声诵读就是大声地读出来，如朗诵诗歌、散文或好的演讲稿等，试着寻找节奏。也可以找来名家的朗诵音频听一听，试着模仿，慢慢就会越读越有感觉，这样做不仅能练声，还能熟读成诵，为自己的演讲积累素材。我们在朗声诵读的时候，也可以找一个人站在远处，让其听听我们的声音是否清晰可辨，是否"听得见"而又不失美感。

　　对演讲者来说，坚持练气练声的主要目的是让自己的声音变得浑厚有力，这样就像给自己安上了一个话筒，声音很容易就可以传得很远，而且讲话时间长了也不累。长期坚持练气练声也是一种强身健体的方法，可以增加肺活量，调节身体各项机能，让我们在"声如洪钟"的同时拥有一个好身体。

　　3. 使用语气

　　"语气"听起来像是一种情绪，但其实是一种用声方法。

　　声音分实声和虚声两种。实声是主要靠声带振动发出的声音，非常响亮有力，一般我们讲话的时候都以实声为主；而虚声是指能明显听到气息的声音，例如叹息声。虚声的音量小一些，多用来表达内在的情感。在实际使用中，虚声显得真诚动人、内敛感性，实声多直白陈述、开放理智。在演讲的时候，如果实声太多，会让人感觉像做学术报告一样，缺乏感人的力量；如果虚声太多，会让人感觉整体基调很颓废，像是一种情绪的宣泄。所以，好的演讲一定要虚实结合。我们在广播中听到的温柔动人的声音多是虚实结合的，这样才会让人觉得声音好听，有弹性、有变化，才能达到好的演讲效果。

　　那么怎么使用这两种声音呢？我们首先要知道什么时候该用实声，什么时候该用虚声。演讲的时候，客观陈述的部分都是用实声的，要点在于讲话要响亮清晰、客观公正，如讲述一个事件、描述一种现实状态的时候，都要用实声。具体操作可以参考新闻主播的讲话状态，新闻的客观公正性决定了新闻主播的状态必须是实事求是、客观公正的，这就需要声音响亮铿锵、讲话掷地有声，也就是用实声。

那么什么时候用虚声呢？在演讲中，当你要表达或惊叹或感动的个人感受时，当你要进行心灵独白时，可以试试虚声，就像说悄悄话一样。你会发现这样的声音虽然音量小了点，但却非常感性和隐秘，有一种动人的力量。具体操作可以参考深夜情感广播节目，这种节目的主要特点就是抚慰心灵、以情感人，其中柔和舒缓、低沉有力的声音就是虚声。

虚实结合的声音是非常美妙的，就像摄影中的调焦一样，可以很好地表现远景和近景。用虚声描述远景，可以增加景物的朦胧美、梦幻美；用虚声表达心声，可以使情感显得更真切、深沉；用虚声形容感受，可以使情感的抒发更浓厚；用虚声处理高潮，可以避免声嘶力竭，实现自然而然的升华。

区分实声和虚声实际上是朗诵的重要方法，用来增加声音的美感、充分表情达意，在演讲中也经常用到。但作为演讲者，我们要区分好朗诵与演讲，因为这是完全不同的两类语言艺术，也是演讲者经常会弄混的两个概念。朗诵是演讲的基本功，是学习演讲必不可少的部分，我们要在日常训练中不断地体悟和实践。

6.1.2　发音的清晰与规范

对任何演讲者而言，演讲的语言都是为内容服务的，再美妙的声音也要以让听众听清和听懂为目标，所以演讲中，发音的清晰与规范显得尤为重要。

那么，发音不清晰大都是什么原因呢？这里主要列举以下几个问题：一是语速的问题，语速太快，听不明白；二是音量的问题，音量不稳，忽高忽低；三是说话习惯的问题，比如由于太紧张，就会不断地插入"嗯啊""这个""然后"等习惯用词，导致语句中断，听起来不连贯，意思表述不清；四是口齿的问题，吐字归音不准，吃字吞字，含混不清。

对于语速的问题，一般来说每分钟说 200 ～ 250 个字是正常语速。人之所以有语速的差别，其根源在于思维与表达的输出频率不一致。通常，思维慢会导致语速慢，思维快会导致语速快。一个人的语速和情绪、性格也有一定的关系，激动的时候语速会快。但快和慢是一个相对的概念，一般来说，语速快不意味着表达不清，但如果语速过快，影响到对方的接收和理解了，那我们就需要调整语速。想要又快又清楚地表达，说话的时候需要结合重音和停顿，在重要的位置放慢语速，加重力度。不同的语速能用来表达不同的情绪和语气，产生不同的表达效果。

对于音量的问题，我们需要通过练气练声，增强气息的稳定性，使说话的动力更足。

对于说话习惯问题，我们要刻意进行语句连贯性训练，避免使用太多不必要的习惯用词，在平时的说话中有意克制。

对于吃字吞字、含混不清的问题，我们需要进行发音清晰度的训练。这个问题的源头通常是说话者从小说话的习惯没养好，在 2 ～ 8 岁这个重要的学说话阶段，在模仿父母等周围人说话时，没有得到正确的发音示范。一个人养成的发音习惯很难改变，从小到大，讲了一二十年的话，突然去纠正，是很困难的，这就是习惯的力量。当然，除去习惯的影响，发音不清晰还可能是因为说话少，缺少发音练习，长时间不说话，偶尔说句话就会感觉不那么顺畅，这是因为缺少对发音器官的有效刺激和训练。我们每一个人的口腔结构都是基本相同的，也就是说只要你没有生理上的异常，理论上就可以发出清晰标准的声音。任何事情，长时间不练习都会不熟练，因此，我们要进行发音清晰度的训练。我们可以通过做口腔操、练习绕口令来提高口腔肌肉灵活度，使发音更清晰。

口腔操分为唇部操和舌部操，其作用就是使发音部位的肌肉得到锻炼，以达到增加口腔肌肉灵活度的目的。

常用的唇部操步骤如下。

（1）咧唇。双唇闭紧尽力向前噘起，然后嘴角用力向两边伸展，像是咧嘴笑一样，尽量把嘴唇肌肉拉伸开来。

（2）绕唇。双唇闭紧向前噘起，然后做 360 度的转圈运动，顺时针、逆时针各 10 圈。

（3）打嘟。嘴唇放松，自然闭合，深吸一口气，然后通过口腔缓慢将气体呼出；气体经过嘴唇时，引起双唇振动，直至这口气呼完。这个动作其实是结合气息训练进行的，要点在于嘴唇要放松下来，才可能在气体通过时发出"嘟"的声音。注意声带是不振动的，只有气体与嘴唇作用的声音。这个动作可以有效延长气息。

常用的舌部操步骤如下。

（1）翻舌。张嘴，让舌头在口腔内左右翻转，左右各 10 下，以增加舌头的灵活度。

（2）舌打响。弹动舌头，发出"哒哒哒"的声音。

（3）卷舌。舌头尽力伸出口腔，然后朝上卷入口腔，之后伸直，再朝下卷入口腔，重复 10 次。

除了唇部操和舌部操，练习绕口令也是提高口腔肌肉灵活度的好方法。练习绕口令要从慢到快，重点在于说清楚，不能为了追求快而说得含混不清。

绕口令的练习有很多，下面介绍几段常用的绕口令。

（1）巴老爷有八十八棵芭蕉树，来了八十八个把式要在巴老爷八十八棵芭蕉树下住。巴老爷拔了八十八棵芭蕉树，不让八十八个把式在八十八棵芭蕉树下住。八十八个把式烧了八十八棵芭蕉树，巴老爷在八十八棵树边哭。（锻炼唇力）

（2）门口吊刀，刀倒吊着。（反复说，锻炼舌头向上顶的力）

（3）扁担长，板凳宽，板凳没有扁担长，扁担没有板凳宽。扁担要扁担绑在板凳上，板凳不让扁担绑在板凳上，扁担偏要扁担绑在板凳上！扁担急了，扁担抄起扁担打了板凳一扁担；板凳急了，板凳抄起板凳打了扁担一板凳。到底是扁担宽板凳长还是扁担长板凳宽？（锻炼嘴唇灵活度）

通过以上 3 个方面的训练，我们就完成了声音基本功的练习，长此以往，坚持不懈，我们的声音会更加动听。

常用的吐字归音练习如下。

吐字归音可以通过练习普通话发声的清晰度和辨识度来改善，主要是分清声母和韵母。普通话的声母管字头、韵母管字尾，这两个部分的音都发准确了，才能完整发出某个字的音。一般来说，声母决定了字音的辨识度，韵母决定了字音的标准度。很多人发音含混不清，主要就是字头声母的发音不清晰。因此，解决这个问题的根本在于，说话的时候刻意注意字头声母的发音是否正确，刻意进行声母的辨音练习，强化声母发音，有效的方法是练习绕口令。

（1）针对双唇音 b、p、m 的辨音，可以做如下练习。

- 八百标兵奔北坡，炮兵并排北边跑。炮兵怕把标兵碰，标兵怕碰炮兵炮。

- 白石白又滑，搬来白石搭白塔。白石塔，白石塔，白石搭石塔，白塔白石搭。搭好白石塔，白塔白又滑。
- 这就是巴巴爸爸、巴巴妈妈、巴巴祖、巴巴拉拉、巴巴利波、巴巴伯、巴巴贝尔、巴巴布莱特、巴巴布拉伯！

（2）针对唇齿音 f 和 h 的辨音，可以做如下练习。

- 红防护服红，黄防护服黄。红防护服没有黄防护服黄，黄防护服没有红防护服红。
- 粉红墙上画凤凰，凤凰画在粉红墙。红凤凰、粉凤凰，红粉凤凰花凤凰。

（3）针对平舌音 z、c、s 和卷舌音 zh、ch、sh 的辨音，可以做如下练习。

- 隔着窗户撕字纸，一撕横字纸，再撕竖字纸，横竖两次撕了四十四张湿字纸，撕字纸你就撕字纸，不是字纸你就别胡撕，乱撕撕一地纸。
- 山前有四十四棵死涩柿子树，山后有四十四只石狮子，山前的四十四棵死涩柿子树涩死了山后的四十四只石狮子，山后的四十四只石狮子咬死了山前的四十四棵死涩柿子树，不知是山前的四十四棵死涩柿子树涩死了山后的四十四只石狮子，还是山后的四十四只石狮子咬死了山前的四十四棵死涩柿子树。
- 四是四，十是十；十四是十四，四十是四十；别把四十说喜席，别把十四说席喜。要想说好四和十，全靠舌头和牙齿。要想说对四，舌头碰牙齿。要想说对十，舌头别伸直。

（4）针对鼻音 n 和边音 l 的辨音，可以做如下练习。

- 牛牛要吃河边柳，妞妞赶牛牛不走。妞妞护柳扭牛头，牛牛扭头瞅妞妞，妞妞扭牛牛更拗，牛牛要顶小妞妞，妞妞捡起小石头，吓得牛牛扭头走。
- 刘庄有个刘小柳，柳庄有个柳小妞。刘小柳放奶牛，柳小妞路边种杨柳。刘小柳的牛踩了柳小妞的柳，柳小妞的柳扎了刘小柳的牛。

绕口令还有很多，每段绕口令的功能和效用是不一样的：有针对不同的发音方法和部位的，有针对不同的声韵母的，也有针对不同口音纠正的。我们可以有针对性地来选择，有兴趣的还可以从网上找更多的绕口令来练习。总的来说，常常练习口腔操和绕口令，可以让人口齿更清晰。

6.1.3 语速与节奏的把控

同样一篇稿子，有的人讲出来，抑扬顿挫、生动有趣，听众被深深吸引；有的人讲出来，一潭死水，让人昏昏欲睡。这就是表达技巧的问题，表达技巧主要体现在语速与节奏上。

任何一场演讲，要赋予演讲内容以生命，需要的不仅是演讲者吐字清晰、声音优美，更重要的是学会起承转合、抑扬顿挫。有生命的语言必须是有起伏变化的，声音一成不变只会让人觉得乏味，就像在高速路上开车，匀速行驶会很容易让人困乏，而不断变化的路标能使路程变得饶有趣味。所以表达的核心在于对语速和节奏的把控。

语速，就是说话的速度。从演讲者的角度来说，语速快慢并没有统一的标准。有的人说话快，有的人说话慢，但只要演讲者"读得顺"、听众"听得懂"，就是合适的语速。毕竟，演讲的最终目标是让听众理解和接受演讲的内容。演讲者在语速上是可以有个人风格的，但是从听众的角度来说，有所变化、快慢结合、有张有弛的表达才是优秀的表达。总之，演讲者在语速的把控上要掌握如下几个要点。

1. 慢比快好

演讲者语速过快，会导致重要的内容转瞬即逝，让听众来不及反应和消化。很多情况下，演讲者会因为过于紧张而语速过快，这是一种不自觉的行为。过快的语速不但不利于达到演讲效果，还会使演讲者在慌乱之中产生错误。另外，演讲节奏过于紧张，也会让听众产生压迫感。我们必须明确一点：演讲跟平时说话是不一样的。平时说话如果对方听不懂，我们可以再重复一遍，可以随时调整和沟通，所以快一点不要紧。演讲就不行，演讲是面向多数人讲话，听众的接受能力是参差不齐的，有的人反应快，有的人反应慢。你说快了，就可能有人听不懂，所以要考虑大多数人的接受能力和舒适感，适当放慢节奏。

语速慢一点，对演讲者也非常有利。一方面，这会显得演讲者沉着淡定、稳重大气，控场能力强。另一方面，语速慢下来了，才能讲得更清楚，演讲者也会赢得更多思考的时间，可以边想边说，也不容易出现忘词的情况，同时不会造成现场气氛太紧张等。慢下来还便于演讲者随时调整节奏和气氛。跟开车一样，速度太快是不容易刹住车的，慢一点，一切就尽在掌握。因此，演讲的时候适当放慢语速，既是对抗紧张的方法，能有效缓解压力，又能减少语言错误，控制节奏。

2. 有快有慢

演讲忌讳匀速。我们听人演讲，有时候会评价某个人讲得太"平"了，表现在语速上，其实就是匀速的意思。演讲者就像司机，听众都是跟着演讲者上路，所以演讲者要控制好节奏。有的路跑快点，可以振奋精神；有的路要慢下来，好欣赏景色；有的路甚至要停一下，好仔细回味。这样，听众就会愿意一直跟随演讲者的脚步，觉得这段旅程充满了乐趣和惊喜，自然不会觉得乏了累了困了。

演讲需要语速变化，从而形成节奏。节奏就是因语速变化而形成的语言表达上的抑扬顿挫。演讲的语速推进是快慢结合，不断变化的。先是慢速推进，逐渐加速推至顶端后逐渐放缓，再继续加速，随后放缓，呈曲线式波动，循环往复，演讲结尾通常是在高潮处，当然也有戛然而止，回味悠长型的结尾。但不管是何种方式，演讲的表达都不能是匀速的。

这就意味着，语速一定要不断变化、快慢有致，才能形成抑扬顿挫的语言美感。但这种节奏不是一种无意识的旋律，我们看到有人读课文时摇头晃脑地唱读，这就是一种无意识的旋律。唱读的节奏与内容无关，是朗读者自己给课文加上的腔调，这种腔调虽然富于变化，但仍是僵化的，听起来会显得很做作。这不是真正的语言节奏。演讲的节奏必须根据演讲的具体内容和情感表达需要来把控，由演讲内容和演讲者的情绪主导。这就要求我们学会根据内容把控语速，掌握语言表达的规律和技巧。

那么，到底什么时候语速该快，什么时候语速该慢呢？总的原则是：语速与内容的重要程度成反比。一般性的或者不重要的内容说快点；重要的内容说慢点；画龙点睛的话语就要更慢一点，甚至可以停顿一下，给听众回味的时间。具体如下。

（1）需要加快语速的地方

通常来说，较快的语速可以给人一种激动、兴奋之感，它可以用在一些特定内容上。

① 客观性陈述或描述性语言。

"从 1985 年我们公司成立，到 1990 年我们的产品获得市场的认可，再到 2000 年公司大规模扩张，一直到 2010 年，我们公司终于上市……"

这段话是对整个事件推进过程的描述，是一种客观性陈述的语言。介绍这种内容时的语速可以稍快些，以增强节奏感，给人一种振奋的感觉。

②故事中比较紧张和关键的情节，或有矛盾冲突的地方。

"说时迟那时快，只见他一把抓住嫌疑人手中的短刀，紧紧地攥住，鲜血从指缝中渗出……"

这是故事中非常紧张的时刻，以较快的语速推进，可以把现场的氛围带动起来，让故事情节显得更加生动和真实。

③排比句需要层层递进、逐步加快。

在演讲中，排比句属于铺陈，需要层层递进地推进情感，直至情感的高潮，这时语速就要逐步加快。

（2）需要放慢语速的地方

①快速前后必慢速。以《我有一个梦想》中的两段话来说，3个以"有了这个信念"开头的排比句，语速一定是越来越快的，但其前面的两句"这就是我们的希望。我怀着这种信念回到南方"及排比句的后半句"因为我们知道，终有一天，我们是会自由的"，这3处的语速就要放慢。

在演讲时，只有让前面的两句先慢下来，后面的速度才能快起来，从而形成一种蓄势待发、一步步走向顶峰的节奏。而最后半句不仅要慢，还要加大语言力度，以示强调，因为这句话是演讲内容中最关键的一句，是演讲中的金句。

②重点强调的内容需放慢语速。例如下面这句总结性的话语。

"如果你感受到自己内心深处的梦想，不要放弃，马上行动起来，多尝试，在一次次磨炼中让自己逐渐强大。当梦想靠近的那一刻，你一定会牢牢抓住它。"

这部分用缓慢的语速说出来，既能引起听众的注意，又能给人留下思考和体会的空间。

又如演讲中的金句，作为重要的总结时，要放慢语速。

"这个故事告诉我们，成功靠的不仅仅是机遇，更多是勤奋和坚守。"

这种画龙点睛的句子都要重点强调，目的是引起听众的思考，所以讲的时候要放慢速度。

③抒情的语言需放慢语速。一般来说，表达自己心理活动和情感的时候，是需要放慢语速的，只有慢下来，才能更好地抒发情感。例如下面这段演讲词。

"我还记得第一次参加比赛。当时我输了，绝望无比，我就像一个失败者，一个遭受惨败的人。我哭了，我让朋友感到失望，也让自己失望。但是第二天，我重整旗鼓，改变了态度，我对自己说：'要吸取教训。'"

这段演讲词中，描述自我心理活动和状态的部分是需要放慢语速的，一方面用较慢的语速表达低落的情绪，另一方面为后面的变化做语气铺垫。这个时候只有先慢下来，才能用较快的语速表达第二天重整旗鼓的状态。这种快慢节奏相辅相成，才能使情感和故事情节更加突出。

总结一下就是，我们在表达激动的情绪、振奋的精神和紧张的氛围时，通常要用快一点的语速和节奏来推进，才能把情绪表现到位；在需要重点表达的细节和阐述的道理处，语速通常要慢下来。而快和慢一定是相辅相成的，想要跑得快，就不能忽视"助跑"的过程，而我们"助跑"的时候甚至还要往后退一退，把姿势摆好，把速度降到最低，才能慢慢加速到最快，点燃听众的情绪。在速度的最高点逐渐慢下来，金句才能如流水般慢慢渗入人心，让听众去细细品味。

6.1.4 停顿与重音的作用

1. 停顿的作用

演讲要让听众"听得懂"，还必须注意使用停顿，我们一般用"/"来表示停顿。在演讲中，除在有标点符号的地方必须停顿外，有时在没有标点符号的地方也要停顿。比如说较长的句子，我们需要使用停顿来进行断句。在演讲中，停顿不仅是为了断句，还有表达语义、突出重点和表达情绪的作用。

（1）表达语义

同一个句子，从不同的地方停顿，就会表达出不同的含义。

例如："南京市 / 长江大桥"和"南京市长 / 江大桥"因为断句的位置不同，读者不同，就会呈现出不同的含义。

（2）突出重点

停顿通常结合重音来突出表达的重点。

例如："这就是中国人的骄傲"这句话可以用不同的停顿突出不同的表达重点。

"这就是 / 中国人的骄傲"突出的重点是"中国人"，表达的是民族特有；

"这就是中国人的 / 骄傲"突出的重点是"骄傲"，表达的是情绪；

"这 / 就是中国人的骄傲"突出的重点是"这"所指代的内容。

在演讲中，我们要根据实际内容的需要来选择不同的停顿方式。

（3）表达情绪

停顿可以用来表达情绪的转换或强烈的情感。

例如："我走的时候，父亲还嘱咐我注意安全，早点回来。而现在我回来了，父亲却已经认不出我了。……"演讲者要表达父亲患了阿尔茨海默病，而自己却不在身边的遗憾，这种情绪可以用停顿来表现和加强。

"我走的时候，父亲还嘱咐我注意安全，早点回来。而现在我回来了，父亲 / 却已经 / 认不出我了。……"

这样停顿，正体现出演讲者强烈却克制的情感，停顿强化了悲伤不能自已的情绪。

2.重音的作用

重音一般是和断句紧紧联系在一起的，重音处必有断句。所谓重音，就是通过重读来表明重点内容的一种表达方式。同一个句子，重音的位置不同，表达的意思也不同。

举例如下。

我听说过你的故事。（重音在"我"，强调是我而不是别人。）

我听说过你的故事。（重音在"听说过"，强调只是听说过，表达对真实情况不甚了解的意思。）

我听说过你的故事。（重音在"你"，强调只知道你的故事，不知道别人的故事。）

同一句话重音不同，可以产生不同的理解，这在演讲里非常重要。演讲者想要强调的重点是什么，就可以用重音来表现，有重音的演讲内容会更容易让人理解。重音的位置很重要，因为它直接反映你的思想感情和问题的要害。

断句和确定重音是演讲的重要准备工作。演讲定稿之后，就要自己断句和确定重音。重音的位置必须根据内容来定，你想强调什么词语，就在这个词语下面标注重音。一般来说，有以下两种情况。

（1）演讲稿中出现的序数词大多需要重读

演讲稿中的序数词一般都是重读的。

例如，"我没有丝毫犹豫，第一时间向支队递交了请战书。"

这句话的重音在哪里？显然就在"丝毫"和"第一"这两个词上。因为"丝毫"体现的是一个人做出决定时的心理状态，而"第一"体现的是人物做出决定的迅速。这些都表现了一个人在面对重大问题时的精神境界，而人物的精神境界就是演讲的主题。

（2）重要信息需要重读

例如，著名学者易中天的演讲《这是你的理想吗？》中有一句话："如果是理想就不会轻易放弃，如果轻易放弃了，那就不是你的理想。"

这句话的重音就落在"是""不会""轻易放弃""不是"这几个词上，因为这几个词才是说明这个道理的关键。

断句和重音都是建立在演讲的意思表达基础上的，演讲者必须对演讲的内容和表达的重点有清晰把握，才能更好地断句和确定重音。借助断句和重音，我们能使演讲时的声音更加有力量、意思更加明确、情绪更加突出。

我们可以在演讲稿上标注符号来训练表达力。图 6-1 所示为朗读的符号标记。

朗读的符号标记

1. 停顿

　"／"一般短停顿
　"／／"句群停顿或长停顿
　"⌢"连起来读（忽略标点）

2. 重音

　"。"轻读（空心圆点）
　"．"重读（实心圆点）
　"。。。。"连续轻读
　"．．．．"连续重读
　"——"尾音拖长

3. 语调

　平调不用标
　"↗"升调
　"↘"调降
　"＜"渐强
　"＞"渐弱

图 6-1　朗读的符号标记

思考与训练

1. 演讲中的好声音是什么样的？

2. 演讲中如何控制音量？气息在说话中有什么作用？平时如何练习气息？

3.实声和虚声有什么不同？二者如何使用？

4.如何做到普通话发音清晰？

5.语速和节奏在演讲中有什么作用，呈现出怎样的规律？如何把握？

6.停顿和重音在演讲中有什么作用？如何标注？

7.重音一般出现在什么地方？

8.请在配套资源的演讲稿中自选稿件和段落，进行朗读符号标记。

6.2　演讲中的好形象

虽然演讲者要靠内容和声音赢得听众的认同，但也不能忽视其他要素的力量。很多时候，演讲者尚未开口，听众就开始为其打分了。为什么？因为演讲者的服饰、台风、礼仪、手势及表情等同样重要，它们对于演讲具有补充、强调、渲染等辅助作用。让更多声音之外的手段起到优化演讲的作用，是演讲者必须做到的。

6.2.1　演讲的服饰

演讲者在不同演讲场合穿什么服装，搭配什么样的饰品、妆容等，都是很有讲究的。因为服饰决定了听众对演讲者的第一印象，如果服饰与演讲场合不符，就会削弱演讲的感染力和影响力。

对于演讲者的着装要求，有以下几个大的原则。

1.演讲者的着装符合演讲的场合需要

严肃的场合，自然应着正装；休闲的场合，演讲者也可以着休闲装出席。这主要看演讲的场合需要，不必拘泥。

2.演讲者的着装要与人物设定相关

演讲者都有自己的人物设定，演讲者在演讲的时候代表的是哪一类人，就可以用服装凸显这一点。例如作为工作单位的先进个人发表演讲，可以着工装，又如消防员穿消防服、军人穿军装、医务工作者穿白大褂等。如果是为演讲内容服务，例如一个中学生讲自己的梦想，可以穿宇航服以凸显自己的内容或者特色。这些都是通过与演讲内容相关的服装表现人物设定的方法。

3. 演讲者的着装要适合自己

演讲者的服装选择除了满足特殊需要以外，可以尽可能兼顾美感。人们都热爱美的事物，服装从某种程度来说就是一个人的审美展示。我们可以选择使自己的身材比例看上去更协调、色彩搭配更合理、更符合个人气质的服装，以衬托个人形象美。

对于大多数演讲活动来说，演讲者身着普通的正装，做到大方、得体、朴素，就已经能够适应大部分的场合并符合听众的喜好了。

接下来，我们就分别介绍一下男士的正装搭配和女士的正装搭配。

（1）男士的正装搭配

男士的正装基本以西装、衬衫为主，服装款式可以有设计感，但样式最好简单大方，不要过于复杂。

需要注意的是，西装也分正式和休闲两种。正式的西装要求衬衫配领带、皮鞋，并且衬衫要扎进裤子里。休闲的西装可以不系领带，衬衫的扣子也不必扣到第一颗，但衬衫仍然要扎到裤子里，这样会让演讲者显得清爽干练。鞋子要选择皮鞋。但不建议选择七分裤、露脚踝的时尚风。

在颜色选择上，正装要做到不跳色、不花哨，西装或衬衫最好是净面的。如果有花纹，也要以暗纹为主。颜色要柔和、大气，黑、白、灰、深蓝、深棕、深红等色系都可以，但全身上下不要超过 3 种颜色，重点是不要过于艳丽醒目，要显得稳重、大方。

在一些相对轻松的场合或环境下，如公司年会，男士也可穿礼服入场，领带可以换成领结，西装可以换成燕尾服。

（2）女士的正装搭配

女士的正装选择范围比男士要广一些，款式和颜色也比较多，但同样有正式和休闲之分。从整体上说，女士的正装要求无褶皱，如果上身宽松柔软，则下身要板正规范；如果上身为板正规范的西装，下身可选择宽松的裙装。

但有一点要注意，女士的服装一定要做到不暴露，衬衫不可过紧、过透，质地以不透出内衣的痕迹为标准；裙装不可过短、过紧，必须长度适中、松紧适中。在正式的演讲场合，女士必须穿皮鞋，牛仔裤、运动鞋之类不适合出现在正式场合。

在颜色上，女士服装的选择较多，服装可以带有花纹，但总体原则是颜色不跳跃、不艳丽、不杂乱。如果喜欢穿花色裙子，上衣最好为净面；如果上衣有花色，下装最好为净面。净面服装总是最保险、不易出错的选择。总体来说，女士的正装要凸显女性的职场气质，显得精致、干练。

如果是在比较休闲、轻松的场合，女士也可以穿礼服，颜色可稍微醒目些，款式也可新颖些，但不建议穿得太暴露，以恰到好处、优雅大方为宜。

女士还涉及发型、妆容和饰品的选择，总体原则是不要累赘拖沓。在发型方面，以露出额头、束起刘海为最佳选择，不要佩戴夸张的头饰。根据场合不同，妆容一般以淡妆为宜，即使在绚丽的舞台上也不要浓妆艳抹。饰品一般选择一两种搭配，一套服装设计一个亮点即可，避免出现太多装饰物。

6.2.2　演讲的台风与礼仪

在演讲过程中，演讲者只注重服饰外表是远远不够的，还必须注意自己的台风与礼仪，它们会给听众留下最直接、最深刻的印象。一位演讲者上台时，是胆战心惊，紧张得连头都不敢抬，还是迈着稳健有力的步子，抬头挺胸，两种状态给听众留下的印象是大不一样的，对于演讲效果的影响也是完全不同的。

演讲者要想以最好的状态登台，就要在两个方面做出努力：一是用"精气神"体现自己的性格，二是用礼仪体现自己的修养。具体来说，包含以下3个方面的内容。

1. 上场

上场的姿势和动作可以展示出一个人的"精气神"，所以在上场时，演讲者一定要做到抬头、挺胸、收腹，以自信昂扬的姿态走到台中央。男士要大步流星，女士要自然大方，步伐都要稳健、自信。

上场时，演讲者还要体现出对听众的尊重和重视。一般情况下，当主持人介绍完演讲嘉宾后，都会邀请演讲嘉宾上台发言。这时，演讲者要立即起身，快步走上台去，不要磨磨蹭蹭，让听众久等。

此外，演讲者要体现出对主持人的尊重，上台后要先做两个动作：接过话筒和与主持人握手。在做这两个动作时，要面对主持人，如果主持人用左手递话筒，你就伸左手接，然后伸出右手与对方握手；如果主持人用右手递话筒，你就伸右手接，然后伸出左手与对方握手。一般情况下，演讲者都是先接话筒，后握手。但也有例外情况，这就要看主持人先做哪个动作，演讲者进行配合即可。

2. 鞠躬

演讲者在演讲开场和结束时，通常都要向听众鞠躬行礼，这一般分两种情况。

第一种情况是舞台上有演讲台或立式话筒，而演讲台一般位于舞台左侧，立式话筒位于舞台中央。演讲者上台后，要先走到演讲台或立式话筒一侧向听众鞠躬行礼，再走到演讲台或立式话筒的后面站定，调整好话筒，开始正式演讲。

第二种情况是舞台上没有演讲台和立式话筒，演讲者需要手持话筒演讲。这时，演讲者要先走到舞台中央向听众鞠躬行礼，再开始演讲。

鞠躬时，以上半身倾斜 30 ～ 40 度为宜，不可倾至 90 度。女士鞠躬时，要注意自己的衣领，如果领口较大或较低，可将手放于领口处，以免弯腰时走光。

演讲结束时，演讲者要再次鞠躬，向听众表达谢意。这时可以先说出结束语："今天我的分享就是这些，谢谢大家！"当说出"谢谢"两个字时，就可以鞠躬行礼。这里又分 3 种情况：一是有演讲台时，演讲者在说完结束语后，从容地走到演讲台一侧鞠躬行礼，之后走下台；二是有立式话筒时，可边说"谢谢"边后退一步鞠躬行礼，之后走下台；三是手持话筒时，可在说完结束语后直接鞠躬。

3. 站姿与坐姿

良好的站姿既能体现出演讲者的气质、修养，又能展示出演讲者的演讲状态。总体来说，在演讲台上站立时，男士要显得挺拔舒展，女士要显得亭亭玉立，都要做到抬头挺胸，不能弯腰驼背，也不能单脚站立，给人一种松松垮垮的感觉。

男士可以自然站立，双腿分开，双脚间距约为两拳，双脚稳稳"抓"住地面，让自己看起来很稳定。女士可以双腿并拢站立，或者双腿分开一点，但双脚距离不超过一拳，这样整体看起来就会自然、大方、优雅。

如果演讲者要坐着演讲，对坐姿的要求是美感要高于舒适感。演讲者最好坐在椅子的前 1/3 处，上身保持直立、挺拔，也可稍稍前倾。男士的双腿可稍稍分开，双脚自然踩地。女士穿裙子时，裙子长度最好到膝盖处；如果不及膝盖，可以双腿并拢或稍稍倾斜到一边。

6.2.3　演讲的手势

手势是演讲者运用手指、手掌、拳头和手臂的动作变化，表达思想感情的一种态势语言。手势就像是演讲者的无声语言，它与有声语言互相搭配，可以令演讲更加生动、形象，这样听众也更容易被带入演讲者营造的场景中，与演讲者产生共鸣。

需要注意的是，演讲中的手势只能起到辅助作用，不能喧宾夺主。适当地使用手势可以增加演讲效果，但没有手势也不是不行。而且演讲中的手势还必须适合演讲者，是演讲者在演讲时的自然表达，而不是刻意编排出来的。因为演讲本身是一种极具情感性和鼓动性的语言表达形式，所以演讲者只要真正关注演讲中的话题和故事，就能唤醒这种"本能"，从而让手势随着情感自然地表现出来。

一般来说，演讲的基本手势有 6 种，分别为切刀、握拳、伸掌、竖指、抚心、画线。不同的手势用在正确的演讲场合，才能增强表达效果。

1. 切刀

"切刀"的动作要领是手指自然并拢为刀状，向下做类似切菜的动作。这个动作多用来表达决心、强调要点或罗列情况等。

在表达决心时，举例如下。

"这样的行为我们绝不姑息……"

"我们要争取做到全国先进典范……"

在强调要点或罗列情况时，举例如下。

"我们会在机场、火车站、汽车站、公交站、十字路口设置岗亭……"

"我们可以充分利用电视、广播、公交车广告、微信推送、网站等多种方式进行宣传……"

在讲到这些内容时，都可以做出切刀的手势。

需要注意的是，每强调或罗列一次，你就需要切一下，但也不能总切一处，要分段来切，每一段表示一次强调或罗列。

2. 握拳

"握拳"的动作要领是手握成拳头，在身侧举起。这个动作多用于表达坚定的信心、表示力量和决心等。举例如下。

"这就是信念带给我的力量……"

"我对自己说，我一定要坚持下去……"

讲述这些需要展示力量和信心的话语时，就可以使用这种手势。

3. 伸掌

"伸掌"的动作要领是手掌倾斜，向身体正前方伸出，掌心朝上。举例如下。

"这就是我们国家未来的样子……"

"这就是我生命中最重要的人……"

这个动作多用来表示推荐、呈现或介绍的意思。

4. 竖指

"竖指"的动作要领是伸出食指与耳朵齐平，指向天空。这个动作多用来提醒对方注意。举例如下。

"你们觉得幸福最重要的是什么？"

"这是一个特别奇怪的信号，它引起了我的注意……"

在提问或强调某一个特殊的情况、念头时，这种手势最合适。

5. 抚心

"抚心"的动作要领是把手放在胸口，多用来抒情或表达自己的内心感受等。举例如下。

"这件事情让我深深地感到：我是一个平凡的人，却也可以变得伟大……"

"他的眼神深深地刺痛了我……"

在表达内心感受时，这种手势就非常合适。

6. 画线

"画线"的动作要领是伸出手掌，手指并拢，掌心向上，在身体正前方横向画出一条线。这个动作多用于呈现某一类人或某一个场景。举例如下。

"这就是我们生活的地方，牛羊成群、草地广袤、蓝天白云、群山起伏……"

"这就是我可爱的同事们，是他们用自己的双手改变了这里、建设了这里……"

以上 6 种手势并不是单独存在的，演讲时可以结合起来使用。例如："你觉得生命中最重要的是什么？钱、孩子、健康还是爱情？"在这句话里，就可以用到"竖指"和"切刀"两种手势，提问时用"竖指"，罗列时用"切刀"。

不管是哪种手势，都必须根据演讲内容来使用，并且要与表情、眼神互相配合。一般来说，手势主要适用于 3 种情况：一是用于景物描写或画面描摹的辅助表达，二是用于抒发情感和表达感慨，三是用于对不易理解或难以名状的事物进行辅助表达。但不论在哪种情况中运用，都要做到手到哪里，眼就要到哪里，尤其是在使用"切刀""伸掌""画线"这些具有呈现或展示意味的手势时，眼神一定要与手势保持在同一方向，且手势要一气呵成、干净利落，不能拖泥带水。这与其说是美感的要求，倒不如说是演讲者心态、性情的流露。演讲者只有调整好自己的情绪，保持稳定从容的心态，才能恰到好处地运用手势，使其真正为演讲助力。

6.2.4 演讲的表情与情绪

表情代表着演讲者在演讲时的状态、情绪、感受等。演讲者一上台，他的表情就会呈现在听众面前，听众也会通过演讲者的表情来判断演讲内容是否出自他的本心、是否真实可信。如果演讲者眼神呆滞、面无表情，听众肯定无法被感染，又怎么能相信演讲者的话呢？

所以，演讲者的表情管理与情绪控制对于演讲的呈现非常重要。一般来说，演讲者的表情管理主要包括面部的表情和眼神的运用。

1. 微笑是礼貌的面部表情

从本质上说，演讲也是一种服务，听众需要付出时间成本和情感成本，作为交换，演讲者就要为听众提供有价值的内容和良好的体验。所以，微笑是演讲者必备的一种面部表情，而且微笑也是一种缓解紧张情绪的有效方式。

演讲者在上台后的前3秒先不要说话，微笑着环视一周，对远处的听众招招手，对近处的听众点点头，展示出最有魅力的笑容，然后再开始说话。这种态势语言既可以让听众觉得演讲者亲切、淡定、从容，又能缓解自己紧张、恐惧的情绪。

2. 眼神是真实的情感渠道

眼睛是心灵的窗户，也是最能体现一个人情感的渠道。不管一个人是惊讶、发怒、开心、慌张，也不管他如何通过动作掩饰自己的情感，眼神都是骗不了人的。

在演讲时，演讲者要学会用眼神来传达情绪、表达情感。在运用眼神时，主要有以下4种方法。

（1）平视

平视是演讲中最常用的一种眼神，它解决的是当演讲者站在台上时，眼睛该看向哪里的问题。

一般来说，演讲者站到台上后，眼睛应看向听众席正后方，最后一排听众头顶上方 10 厘米处的位置，看向这个位置对于演讲者来说就是平视的状态。

（2）虚视

虚视是眼睛不聚焦，假装看向台下的听众。这样做是为了营造演讲者与听众之间的交流感，避免听众感觉自己受到冷落。

（3）环视

环视是一种借助头部摆动来完成的眼神动作，它的要点是在演讲过程中，演讲者要在适当的时间，从左看到右或者从右看到左。

在环视时，演讲者的眼睛可以看向听众，也可以看向听众的额头及以上部位。头扭到左边，就与左侧的听众交流，头扭到右边，就与右侧的听众交流，并且注意在每个方位都稍微停顿一下，说完一两句话再换方位。

（4）点视

点视是凝望某一点，眼睛聚焦，即演讲者将目光集中投向某个角落、某一位置或某位听众，并配合手势或表情。

这个动作是有舞台经验的演讲者常用的方法，他会在听众中寻找一个听得认真、有积极反馈或表达赞同的人，通过与对方的短暂对视和交流来鼓舞自己、获得自信。

在具体演讲过程中，眼神应该是灵活多变的，演讲者不仅要经常采用虚视环视全场，还要有平视、点视。只有"点""面"结合在一起，才能让全场的气氛活跃起来。

在演讲中，强烈的情绪爆发可以唤起听众的共鸣，演讲者的热情也可以点燃听众的热情。

在武汉市公安局组织的一次演讲比赛中，一位选手讲述了自己做维和警察的一段故事。他说，当他在国外执行任务时，父亲患了病，然而等他回来时，父亲已经病得认不出自己了。讲到这里时，这个高大的男人哽咽了，泪水流了出来。他甚至沉默了几秒，调整了一下情绪，才接着讲下去。这时，台下响起雷鸣般的掌声……

3. 用理智控制情绪

演讲者在不同场合演讲的内容可能不同，但情感和专注永远是最能感染听众的。很难想象，如果演讲中缺少了情绪，演讲者该如何把握演讲的基调，又如何准确地传达演讲的内涵。

因此，在演讲中正确地表达情绪，是演讲成功的关键因素之一。那是不是讲到感人之处，演讲者就要当场哭起来，甚至哭得说不出话呢？当然不是。人在悲伤、感动的时候，可能会有强烈的情感流露出来，这是人性的展现，但关键在于，当演讲中出现情绪时，演讲者只有学会把握和表现，才能让情绪的表达为演讲加分。

一般来说，演讲者演讲时一定要把握好情绪流露的度，如果过于激动，甚至可以以短暂的停顿来调整情绪，但不能让情绪影响正常的表达，更不能在台上进行情绪宣泄。真正好的演讲，大多是你不笑，听众笑了；你没哭，听众哭了。更甚者，可能是你哭了，听众笑了；或者你笑了，而听众哭了。所以有人说，喜剧的内核其实是悲剧。越是悲伤的事，演讲者用淡定的语言冷静地表达出来，听众越能感受到这背后深沉的忧伤。

4. 用声音表达情绪

在演讲中适当地表达情绪，是增加演讲感染力的重要手段，也是让听众产生共鸣的重要方式。高超的演讲者善于通过情绪的传达，让听众闻其言，知其意，见其心，如春风化雨，润物无声，潜移默化地受到影响。而情绪的表达主要通过以"声"带"情"、以"情"促"声"来完成，这就是所谓的声情并茂，主要体现在以下两点。

（1）真实的情绪呈现

演讲不是表演，演讲的声音虽然应该满足抑扬顿挫的要求，但不能太刻意。只要演讲内容真实，演讲中的情绪呈现就会真实，这种真实的情绪自然会带来声音的抑扬顿挫，产生良好的演讲效果。

（2）善于虚实结合

要想让演讲时的声音反映情绪，演讲者要善于使用虚声和实声。我们可以结合之前讲过的声音训练方法，结合"重音""语速""停顿"等来综合考量。在情绪激动时，声音自然地变高变快；在感到悲伤时，语速自然地放慢。客观陈述用实声，心灵独白用虚声。使所有的声音变化都依据内容变化而来，这也是从源头上解决情绪和声音表现力问题的根本方法。

1. 演讲者的服饰有何要求?

2. 演讲者上场时的礼仪有哪些要求?

3. 演讲者的常用手势有哪些? 分别代表什么含义?

4. 演讲者的眼神有哪几种? 如何使用?

5. 演讲者表达情绪的方式有哪些?

6.3　演讲中的好状态

面对演讲,演讲者都或多或少有些恐惧,这份恐惧可能来自缺乏经验,也可能来自过去失败的记忆。要消除这种恐惧,演讲者就要具备良好的心态,在上场前通过恰当的方式化解紧张的心理;在演讲过程中,还要能够应对各种突发状况,如忘词、讲错等,从而以不变应万变,取得良好的现场演讲效果。

6.3.1　如何应对紧张

著名作家马克·吐温说:"世界上只有两种演讲者,一种是特别紧张的,另一种是假装不紧张的。"

在上台前紧张,处理方法一般比较简单,例如做深呼吸、转移注意力等,让自己放松下来。但应对上台后的紧张就要下一些功夫了,以下 4 种方法对于缓解上台后的紧张比较有效。

1. 控制语速

人在紧张的时候,说话速度容易加快,也容易出现语无伦次的现象,因为人的思维速度跟不上语速,演讲也是如此。而降低语速就能让我们的思维与语速尽量保持平衡,这不仅能让我们有更多时间思考,减少错误,更重要的是能让我们看起来不那么紧张,从而更好地控制演讲气氛。

2. 控制眼神

这里的眼神代表注意力。对于一些缺乏经验又容易紧张的演讲者来说,如果在演讲过程中看向听众,或与某位听众对视,思路很可能就会被打断,出现忘词等情况。为避免类似情况发生，在开场时，演讲者不要直接看向听众，可以看向前方某个静止的物体，以确保自己的演讲思路不受干扰。

需要注意的是，即使不直接看向听众，眼神也不要不断游移，只有眼神稳定了，注意力才能集中，演讲者才能更专注于演讲内容。

3. 控制音量

在讲话时适当提高音量，也是克服紧张、增加气势和自信的一种方法。只是要注意，提高音量也要有度，不是越大越好，同时还要注意保持声音的稳定，避免因为紧张而出现声音抖动或变音的情况。这就要求演讲者平时注意加强声音的训练。

4. 使用手势

演讲时使用手势也能缓解紧张情绪，而且还能让演讲效果更生动。如果一个人站在台上演讲，从头到尾都不动，就会显得很僵硬，这也是紧张的一种表现。而手势不仅能帮助听众更好地理解演讲内容，同样也能增加演讲者的信心。当你做出开放性的手势时，你的内心就是开放的；当你做出笃定的手势时，你的内心就是笃定的。

以上是在演讲台上应对紧张的几种方法，当然，要克服当众演讲的紧张心理，没有服下去就能立见奇效的"灵丹妙药"，只有平时不断学习和训练，才能逐渐将假的不紧张变成真的不紧张。

6.3.2　如何应对突发状况

演讲过程本身就具有不确定性，所以演讲者面临的突发状况也比较多，诸如现场秩序被其他人或者事干扰、幻灯片无法正常播放、话筒突然没声音、互动时遇到尴尬问题、观点受到抨击等，这就需要演讲者事先做好充分准备，把所有能考虑到的问题都考虑到，做好相应的预案。

演讲中的突发状况不但考验着演讲者本人的临场应变能力，对其心理承受能力也有相当高的要求。所以，演讲者一方面要做好心理调适，另一方面也要掌握必要的应变方法。通常来说，应对突发状况，我们要把握一个原则、两个方法。

一个原则：**以不变应万变。**

（1）演讲的临场情况可能是不断变化的，但是演讲者的心态是不变的

只有保持冷静、沉着，才能在意外发生时从容应对。演讲者在舞台上，众目睽睽之下，理所当然被认为是最紧张的人。但实际上，台下的听众跟演讲者处于同一环境中，能充分感受到演讲者的心理变化，听众与演讲者处于同频共振的状态。演讲者紧张，听众就会紧张；演讲者放松，听众也放松。因此，可以说，演讲者的状态决定了听众的状态。无论遇到怎样的突发情况，只要演讲者保持心态的稳定，就依然可以掌控全场。

（2）演讲的临场情况可能是不断变化的，但是演讲者的目标是不变的

要讲什么主题、达到什么目的，这都是演讲者事先准备好的，这是不变的。因此，不管眼前发生了什么样的突发情况，只要谨记今天演讲的目标，不要偏离，就能找到处理问题的方法。演讲者是一定不可以被听众牵着鼻子走的，主导演讲的是演讲者本人，不重要的分歧可以忽略不计，重要的分歧也可以暂时搁置。演讲不是辩论，求同存异是自主演讲能够继续进行下去的保障。一切以达成演讲目标为导向，就没有解决不了的问题。

一位色彩培训师在演讲过程中，为了让听众更直观地理解不同色彩混搭之后所呈现的效果，提前准备了相应的图片。但出乎意料的是，现场投影仪出了问题，他播放图片时，图片上的色彩都被过滤掉了，只剩下了黑白两色。

在确定无法解决问题后，这位培训师说："真不巧，这么难得一遇的事情被我们遇上了。很遗憾，你们看到的色彩与我之前看到的差别如此之大，但没关系，也许我们可以这样感受一下色彩混搭后的美妙效果。"

接着，他拔掉连接线，拿起手中的笔记本电脑，走下台向听众走去，使画面朝向听众，让每一位听众都看到了原图的色彩。

第一个方法：**把意外变成亮点。**

演讲中的意外，有的时候看上去是危机，却可以转化成机遇。

在一次演讲比赛现场，当主持人宣布下一位选手上场时，一个女孩穿着高跟鞋走向舞台。然而还没走到舞台中央，女孩的鞋跟突然卡住了，导致她差点跌倒，后来女孩终于站稳，才重新走到舞台中央。

在这样的突发状况下，女孩开始有点脸红，但很快调整了自己的状态。她接过话筒，微笑着说："在舞台上跌倒，对于每一个渴望舞台的人，恐怕都是必须要经历的阶段，好在我自己站了起来。我并不介意曾经跌倒过，我觉得这

是我人生的财富，因为我今天要讲的故事，就和一次跌倒有关……"

台下立刻掌声雷动，不仅是听众，评委也都被这个女孩的机敏和从容征服了。

这个女孩就成功地把这场意外变成了自己演讲的亮点，让听众和评委都牢牢地记住了她。

演讲中只要保持心态稳定，一切以目标为导向，就很容易处理现场的突发问题，不管发生了什么，一切都是为你的演讲而准备的，接受它，并积极面对它，才可以解决它。

第二个方法：**用幽默化解尴尬。**

有一次，英国上院议员基尔正在演讲，台下的听众都很认真地听着。然而就在演讲即将结束时，台下一位听众的凳子腿突然断了，那位听众一下子跌倒在地上，他身边的听众慌忙起身将他扶起，现场一度混乱。

这时，基尔马上说道："各位现在一定可以相信，我提出的理由是足以压倒别人的。"

就这样，基尔立刻把听众的注意力再次拉回到自己身上，而那位跌倒的听众也在别人善意的笑声中找到了一个新座位。一句幽默的话语便让双方都从窘境中脱身而出。

在演讲中，有些意外并不是由演讲者造成的，这时，豁达和幽默既可以快速化解尴尬，又有助于演讲者重新掌控现场。

在实际演讲过程中，演讲者面临的最常见的突发状况莫过于忘词了，就算上场前已经做了充分的准备工作，正式上场后仍然可能会出现大脑"断片"、突然忘记演讲内容的情况。为什么会出现这种情况呢？常见的原因有两个。

一是准备不够充分，不熟悉演讲稿。尤其是演讲稿中书面语太多、数据太多、长句子太多、专业术语太多等，都可能导致读起来不顺畅。如果读起来都不顺畅，再脱稿讲出来就更困难了。

要解决这个问题，就要适当修改演讲稿，将演讲稿降低难度。这个难度主要是演讲表达上的难度，比如对一些过于书面化的语言、很饶舌的词语等进行修改和替换；对不易记忆的数据和专有名词等进行适当的删减，对长句子进行改短处理等。这样一来，演讲稿的表达难度降低了，讲起来就容易了。

二是外部环境影响导致思维突然中断，想不起接下来要讲什么了。例如在看向某位听众时，听众本来低着头，但突然抬起头，并与你对视，这时就可能突然打断你的思路。再如，话筒突然没声音、PPT 突然黑屏、现场突然有异响等，都可能导致思维中断。思维中断是忘词的根本原因，演讲者在讲话的过程中要尽可能保持思维的连贯性，尽量不要被别的事情干扰或打断。专注力是演讲者的必备能力。因此，现场的突发状况如果不影响表达，那就可以不用理会。比如 PPT 黑屏、现场异响等情况，实际上都不会影响到说话，演讲者可以继续演讲。如果已经被迫中断了，比如话筒没声音，演讲者可以用手势示意听众稍微等待一下，工作人员会赶紧调整，听众也会理解，短暂的休息也并不会影响演讲的进程，演讲者还是要保持稳定的心态。

对待忘词，不要站在原地一直想词，导致冷场，通常的处理方法有两个。

（1）总结或强调前面的内容

一旦忘词了，演讲者可以马上用自己的话简单总结一下前面讲过的内容或观点，以此争取时间，尽快回忆起接下来要讲的内容。例如："朋友们，在讲解下一部分内容前，我们先回顾一下刚才提到的两点内容，分别是……"

或者是强调一下前面讲过的某些重点内容，这样既能增强听众记忆，又能为自己赢得时间。例如："我刚才讲到这个问题的第一点，在此我还要再强调一下这一点，因为我觉得这个事情非常重要，需要高度重视……"

一般利用总结或强调前面的内容的方法，是很容易回忆起后面的内容的。

（2）即兴发言

每场演讲都有特定的主题，虽然演讲时可能忘词，但主题不会变，既然如此，我们就可以围绕主题，即兴地讲一下自己的理解，通过探讨主题回忆自己写演讲稿时的思路。

如果仍然记不起来，也可以直接越过这一部分内容，转换话题，从能记起的地方继续讲，这样并不会太影响整体效果。

总而言之，应对演讲忘词的根本方法其实是提高即兴演讲能力，所以，此时的心态很重要，只要心态不垮掉，演讲就可以挽救。听众手里没有演讲稿，演讲者讲什么，演讲稿就是什么，有的时候，即兴发挥的比事先准备的更好，这也是我们常说的"演讲无定稿"的概念。

总而言之，如果在演讲过程中遭遇突发状况，我们只需要记住 4 个字：坦然面对。迅速稳定自己的情绪，然后采取恰当的方法来应对。这类状况并不会发生在每个人身上，但如果在你身上发生了，或许这就是听众记住你的机会，处理好它，这就是你的机遇。

1.演讲者应对紧张的方法有哪些?

2.演讲中有哪些突发情况? 应该如何应对?

6.4 演讲中的好道具

演讲中除了话筒、音响这些"标配"外，还有灯光、PPT、音乐等其他道具助阵，以增强演讲的效果。必要时，演讲者还会展示一些与演讲主题有关的实物，这些都属于演讲的道具。不同的道具可以帮助听众更深刻地理解演讲的内容，而演讲者也可借助道具准确清晰地向听众传达自己的思想和理念。

6.4.1 演讲中的视觉辅助

PPT 是现代演讲中常用的一种视觉辅助手段，很多演讲者都会用到。PPT中的图片、视频等确实能带给听众一些视觉冲击，帮助听众更加直观地理解演讲内容。

但是，演讲者要明确的是，PPT 只是一种辅助工具，要把演讲中的观点表达出来，最重要的还是靠人。明白了这一点后，演讲者在设计和使用 PPT 时，就要遵循下面 3 条原则。

1. 设计要大气

PPT 是要作为背景在大屏幕上展示的，所以风格很重要。

（1）要暗不要明

色彩选择要简单，背景色首选暗色，例如黑色或者深蓝色。因为演讲者在亮色的衬托下，由于背光，脸色会显得很暗淡，这会让听众看不清演讲者的脸，影响演讲效果。而暗色的背景更显大气稳重，同时还会提高听众的视觉舒适度，让图片或者文字内容更明显。

（2）要静不要动

在 PPT 中要尽量少用动画效果。这些东西大多与演讲主题无关，会喧宾夺主，影响演讲者的表达，分散听众的注意力。

2. 内容展示要少而精

（1）要少不要多

PPT 上展示的内容要少而精，不管是文字还是图片，要一目了然、重点突出。一张 PPT 上应仅展示一张图片或一句话，凡与主题无关的内容都尽量省略。

（2）要大不要小

对于需要强调的内容，不论是数据、文字还是图片，都可以将其放大，并放置在 PPT 的中心。内容要让人看清楚，并遵循"形象化"原则，让人一看就懂，不要展示太多需要仔细辨认的抽象的内容，如过于复杂的思维导图等。如果需要用抽象的内容，就要停留得久一些，并进行详细讲解。

3. 慎重播放视频

视频对视觉和听觉具有强烈的冲击力，一旦在演讲过程中播放视频。听众的注意力马上就会被吸引过去，根本没办法再专注地听演讲。所以除非必要，演讲时尽量不要播放视频。如果一定要播放，则专门留出时间给听众观看，看完之后再继续讲。

6.4.2　演讲中的音乐渲染

演讲中该不该配乐？这一直是个有争议的问题，许多人都持有不同的看法。有些演讲者认为配乐就失去了演讲本身的味道，但在很多演讲比赛和企事业的演讲活动中，音乐又成了"标配"，成为必不可少的组成部分。

其实，千姿百态的演讲舞台应该允许百花齐放。但我们要明确一个前提，即演讲中的音乐是为演讲内容服务的，起着烘托气氛或者带动情绪的作用。它应该像细柔的春雨一般，悄无声息地注入演讲内容之中，滋润听众的心田，带动听众的情绪，增强演讲效果。如果音乐音量过高或与演讲节奏不搭，就会喧宾夺主，影响演讲效果。

所以，在使用音乐时，演讲者应该注意以下问题。

首先，音乐所表达的情绪与演讲的主题、风格要保持一致。也就是说，演讲者讲到愉悦之处，音乐要轻快；讲到悲伤之处，音乐要低沉；讲到激动之处，音乐要恢宏。演讲者的声音起伏在哪里，音乐起伏就要在哪里，这样的音乐才能为演讲起到助推作用，达到和谐动人的效果。

其次，演讲与音乐要主次分明。演讲中，演讲者才是主角，音乐只起辅助作用。所以音乐的音量要尽量调低一点，切不可盖过演讲者的声音，要让音乐起到"润物细无声"般的作用。

最后，演讲中音乐切入的时间很关键。一般来说，朗诵是全程配乐的，但演讲只在重点部分切入音乐，并且音乐切入时间一定要准确、恰当。

曾经有一场演讲，台上的演讲者讲到一半时突然停住了，台下的听众都以为她忘词了，过了一会儿，音乐响起，她又继续讲。这时台下听众才恍然大悟：原来她在等音乐！

这就是演讲者在处理音乐时有失妥当。演讲者永远是演讲的主体，是不能去等音乐的，否则就加重了表演的痕迹，既让演讲失去了连贯性，又影响了听众的体验。

那么，在演讲中的哪些部分插入音乐，才能更好地发挥音乐的效用呢？

一是在演讲高潮插入适当的音乐，可以借助音乐烘托气氛，达到振奋人心的效果；或者插入音乐后，使演讲语言更加生动、更具美感。这种情况是最常见的，演讲者可以根据演讲内容的需要，在一些重要的地方选择风格合适的音乐，在演讲过程中播放。

二是演讲者讲到某个节点时，插入适当的音乐作为停顿，音乐停止后，演讲者继续往下讲。这种音乐多用在较长的演讲集会或课程培训当中，一般会选用节奏感较强的音乐，刺激听众的听觉并集中其注意力。

音乐是一把双刃剑，用好了锦上添花、效果非凡，用不好则会画蛇添足、削弱演讲效果。所以演讲者在使用前一定要做足功课，从演讲内容上着手，选择最适合表达情感的段落和最需要渲染的地方，插入合适的音乐，让音乐以最好的状态呈现于演讲之中，烘托出最合适的情感，充分体现出其价值。

6.4.3　演讲中其他道具的使用

演讲中的道具除 PPT、音乐外，还包括照片、图表及各种实物等，它们也都是为了帮助听众更直观、更形象地理解演讲内容。

2012 年，一位越野滑雪运动员登上了 TED 演讲的舞台，她的演讲主题是"身碎人不碎"。之所以选择这个主题，是因为演讲者曾遭遇过一次意外。她在一次骑车训练时不幸与一辆卡车相撞，导致脖子和背部出现 6 处骨折，5 根肋骨断裂，头部遭受重创。她虽然最终从死神手里挣脱出来，却也因此告别了运动生涯。

在演讲开始，她先在舞台上放了 5 把椅子。

当讲述自己如何遭遇意外时，她坐在第一把椅子上。

当讲述自己在医院度过最初痛苦的 10 天时，她换到了第二把椅子上。

当讲述自己被转入脊髓损伤治疗病房时，她又换到了第三把椅子上。

当讲到"6 个月后，该回家了"时，她从第三把椅子上站起来，转过身，站到了第四把椅子后面；随后，她又坐到第四把椅子上继续讲述。

当讲述自己开始学习飞行时，她走到第五把椅子前，讲述自己学习飞行的艰难过程。

最后几分钟，她离开了 5 把椅子，站立着讲述了她的新事业——特技飞行教练。

在这场演讲中，5 把椅子就是道具，虽然它们不会说话，也没有声音，但却增加了演讲的形象性和生动性。同时，5 把椅子摆在一条斜线上，演讲者在演讲过程中不断向下一把椅子移动，也给人一种清晰的阶段感，表明她正在不断走向下一个阶段。到了最后，她开始了新的选择后，又远离椅子，表示自己已经完全摆脱了之前痛苦的生活。

通过道具的展示，听众不仅对于演讲思路一目了然，还对她的人生起伏印象深刻，这使演讲内容更有说服力。

演讲者在设计和使用其他道具时，也需要遵循相应的原则。

首先，道具必须是可辨识的。

某企业家在演讲时，经常会把自己企业商标的图片放大，然后放在 PPT 的中央，目的就是让听众看清楚，这样才能发挥道具的作用。

有一个演讲者上台时带了一张照片，演讲开场时，他拿出这张照片向大家展示，并告诉大家这是一张全家福。但由于照片太小，听众距离舞台又比较远，听众根本没办法看清上面的人。这个道具就没有起到作用，不如拍下照片放在 PPT 中展示的效果好。

其次，讲到相关内容时再展示道具。

如果你要展示的道具是工具或模型，那么上台时最好先放在听众看不见的地方，以免分散听众的注意力。等讲到相关内容时，再拿出来展示、讲解，并在讲解完后将它们放回原处或直接拿走，这样可以防止听众分心。

最后，演讲者要对着听众而非道具讲。

在展示道具时，如果演讲者对着道具做解释或分析，就会失去与听众的视线交流，这样听众就完全去看道具，而无法专注地听演讲了。所以在演讲时，演讲者最好能一边对着听众讲，一边看向道具，与听众保持视线联系，这样就能得到信息反馈，知道道具与讲解是否被听众理解和接受。

总之，在演讲中借助道具来进行主题的解释或延伸是一种非常有效的演讲技巧，但这并不意味着每场演讲中都需要使用道具，毕竟演讲者的语言表达才是第一位，道具只能起到辅助作用，切不可主次颠倒、舍本逐末。而且用不用道具，用什么样的道具，也都取决于演讲者独特的创意和设计。演讲者只有认真准备，才能成就精彩的演讲。

思考与训练

1.演讲的 PPT 设计和使用要遵循哪些原则？

2.演讲中的音乐起什么作用？如何在演讲中使用音乐？

3.演讲中的道具包括哪些？道具的使用有哪些要求？

本·章·小·结

　　在现场演讲的过程中，演讲者良好的声音、形象、状态以及道具使用等，都能为内容的表达起到助推作用，这就是演讲形式的重要意义。演讲者要想给听众留下良好印象，就要练习表达：在声音上，要学会控制音量，练好气息和普通话发音，把握好声音的节奏和停顿；在形象上，要注意服饰、台风、礼仪、手势、表情管理与情绪表达；在演讲状态上，要锻炼良好的心理素质，善于用各种方法缓解紧张情绪，冷静应对临场出现的各种突发状况；在演讲的设计上，可以借助道具来助力演讲的表达，通过运用 PPT、音乐等工具，力求呈现出好的演讲效果。

本章习题

　　1.选择一段绕口令来完成一次声音训练展示。

　　2.请用朗声诵读法，自选音乐和诗歌，进行配乐朗诵。

　　3.请查阅配套资源中的演讲稿，选择一篇进行模拟演讲。

　　4.以下是巴金的散文《做一个战士》，请画出停顿、重音，并标明各句的语速。

　　在这个时代，战士是最需要的。但是这样的战士并不一定要持枪上战场。他的武器也不一定是枪弹。他的武器还可以是知识、信仰和坚强的意志。……战士是永远追求光明的。他并不躺在晴空下享受阳光，却在暗夜里燃起火炬，给人们照亮道路，使他们走向黎明。驱散黑暗，这是战士的任务。他不躲避黑暗，却要面对黑暗，跟躲藏在阴影里的魑魅、魍魉搏斗。他要消灭它们而取得光明。战士是不知道妥协的。他得不到光明便不会停止战斗。

7

第 7 章
区分演讲场景

本章学习目标

1. 了解竞技型演讲与功能型演讲的特点及准备要点。
2. 掌握演讲思路的梳理方法，训练演讲思维。
3. 了解即兴演讲的学习和训练方法。

课前热身 ● ● ●

假如你想竞选学生干部，你会考虑从哪些方面设计一次竞选演说？

演讲在日常生活和工作中应用得十分广泛，不管是到企业面试，还是参加活动庆典，都需要发表演讲。从一定意义上来说，不同场景的演讲思路和方法都是相同的，只不过要具体主题具体准备而已。我们需要学会分析不同场景下的演讲要求，训练自己的演讲技能，从有准备的演讲开始，最终形成即兴演讲能力，时刻准备好应对突然而至的演讲，从容展示自己。

根据前文所讲的理论知识，要准备一次演讲，涉及以下 8 个步骤。

（1）确定话题：根据演讲的场景要求，确定所要讲的话题内容。

（2）了解听众：了解所要面对的听众的特征与期待。

（3）制订目标：制订此次演讲的目标。

（4）准备素材：根据目标和观点，搜集、选择和处理相关素材。

（5）画出地图：选择路径，按照演讲三段论画出演讲地图。

（6）打造亮点：撰写并修改演讲稿，为演讲打造亮点。

（7）准备道具：视需要完成 PPT 及其他道具的准备工作。

（8）实战演练：熟悉演讲稿，将地图内化于心，并反复演练。

这 8 个步骤里，前 4 步是准备过程，需要结合话题、听众、目标 3 个维度，运用目标思维法来进行演讲的构思，核心在于制订话题目标，然后用倒推的方法整理出演讲内容。对于演讲初学者来说，完成演讲逐字稿并进行实战演练是非常必要的，这有助于我们适应和熟悉演讲表达，在不断的场景重构中消除紧张心理，形成演讲能力。

下面，我们从几个具体场景入手，从以上 8 个步骤中选取 5 个来梳理演讲思路，以下简称"五步法"。

7.1　竞技型演讲

竞技型演讲是一种带有竞争性目的的演讲，在我们的工作、生活与学习中十分常见。竞技型演讲通常都有同类竞争者，演讲者需要通过演讲使自己处于有利地位。这一类演讲的主要目的通常都是说服，即希望在演讲结束以后能够说服他人、获得支持。

竞技型演讲可分为竞选演说、演讲比赛、求职面试和辩论比赛等。

7.1.1　竞选演说

竞选演说是典型的竞技型演讲，它的目的非常明确，就是说服领导、评委、同事等，让他们把选票投给自己，让自己成功竞选上某个岗位。

我们可以按照"五步法"来梳理竞选演说的思路。

1. 确定话题

竞选演说的话题是什么？其实就是自己，因为竞选就是推销自己。那么很显然，我们需要对自我进行梳理，明确自己的优势和劣势，同时要对所竞选的岗位进行思考和分析，明确岗位对人才的要求。然后做好自我与岗位的匹配。

2. 了解听众

竞选演说的听众有很多种。假如你是一名学生，听众可能就是你的同学和老师；假如你是职场人士，听众就是你的同事、领导。他们会给什么样的人投票呢？他们会期待什么样的人当选呢？讲什么内容才能够打动他们呢？这是演讲者需要思考的问题。

3. 制订目标

演讲目标分为结果目标和话题目标。这里所说的演讲的目标特指话题目标，因为只有话题目标才对演讲起实质性指导作用。

对于竞选演说来说，要打动他人，证明自己适合这个岗位，这就是结果目标。为了达到这个结果，我们不仅要对自己有清晰的了解，对岗位也要有更多的思考和认识，至少需要回答以下 3 个问题。

（1）我为什么要竞选这个岗位？

（2）我有哪些特点和优势？

（3）假如我当选，我会做什么？

我们可以根据这 3 个问题的答案，制订话题目标。例如，向听众说明你竞选岗位的初衷，向听众证明你不仅了解这个岗位，也具备这个岗位所需要的能力，并且有自己的想法和规划。

4. 画出地图

根据演讲目标，我们可以画出演讲地图，并可以选择一种结构，例如，按照问题式结构来画演讲地图。

（1）提出问题：为什么竞选这个岗位？

（2）分析问题：岗位的职责与使命 + 我的特色和优势 = 我可以胜任这个岗位。

（3）解决问题：我对履职的规划与思考（我会怎么做）。

首先，明确你竞选这个岗位的目的和初衷；其次，解释岗位是什么，谈一谈自己对岗位职责的认知，同时用案例、数据等来证明自己有能力胜任这个岗位；最后谈怎么做，即竞选成功后你的规划和打算是什么。我们可以画出思维导图，细化我们的演讲方案。

5. 打造亮点

亮点可以出现在演讲的开场、主体和结尾的任何地方，竞选演说也是一样。

亮点就是让听众眼前一亮、印象深刻的点，这个点要么是创新的观点或思想，要么是凝练的金句，要么是幽默诙谐的语言，要么是一个好故事，要么是让人难忘的细节。我们可以根据自己的语言特色或者岗位特征来思考和选择。

下面是一篇竞选银行销售经理的演讲稿，我们来看看亮点在哪里。

"今天能够站在这里，竞选银行销售经理的岗位，我深感荣幸。

为什么要竞选这个岗位呢？我也问了自己这个问题，我想有两个原因。一是因为我热爱销售这份工作，对我来说，这不仅是一份工作，更是一份事业。在过去 3 年的销售工作中，我从一个稚嫩的销售'小白'，到取得这样的成绩，得益于领导和同事的帮助。二是因为我的销售经理，我很幸运遇到了他。他不仅教会我很多销售的方法和技巧，也让我明白了，'工作'和'事业'的区别其实就在于心态。所以今天，我希望挑战自己，竞选销售经理这个岗位，我想像他一样，带领我的销售团队成就我们的事业。

通过 3 年的销售实战，我对销售经理这个岗位也有一些思考。这个岗位是业务销售、客户维护的重要力量，在银行的业务经营和发展中占有重要地位。都说优秀的销售精英很难得，但我认为，团队协作更加重要。我听过一句话：'如果你想走得快，就一个人走；如果你想走得远，就一群人一起走。'因此，一个真正的销售精英，不能只是自己走得快，还应该培养一支优秀的队伍，借助更多人的力量，一起走得更远。

如果能够竞选成功，我有以下 3 项计划：第一……第二……第三……

古希腊哲学家阿基米德曾说：'给我一个支点，我将撬起整个地球！'这是对生活的一种自信。而我现在要说：'给我一个机会，我将还您十分精彩！'这是我对事业的一种追求，也是我对自己的要求。我愿意把自己的全部智慧和精力奉献给公司，给我们共同的事业！"

这篇演讲稿的亮点在于，运用凝练的金句表达创新的观点。在演讲开场，演讲者提出"为什么要竞选这个岗位"的问题，就是为了彰显自己的独特思想。她在阐述自己的竞选原因时，巧妙地把自己的优势和成绩融入，聪明之处在于既凸显了自己，又不忘褒奖他人，这显然会给现场的同事和领导留下很好的印象。在演讲主体部分，她引用了一句金句——"如果你想走得快，就一个人走；如果你想走得远，就一群人一起走"，表达了自己对岗位的独特理解，这又是一个让人眼前一亮的点。结尾也引用了名言，再度表达自己的意愿。

学生干部的竞选同样如此，我们可以运用"五步法"来对形势进行研判，对内容进行思考和准备。只要是认真准备的演说稿，只要能真诚和勇敢地表达，就能成就博得他人青睐的好演讲。

7.1.2　演讲比赛

演讲比赛一般会有指定的主题、时间的限定和参赛方式的要求，对于参赛者来说，参加演讲比赛是展现个人风采、传播思想、宣传精神文化的好机会。演讲比赛的磨砺，能够使演讲者的演讲能力得到飞速提升。对于大学生来说，演讲比赛不失为锻炼能力、展示自我、获得机会的好平台。

要准备好演讲比赛，同样要按照"五步法"来思考。

1. 确定话题

演讲比赛一般都会指定大的主题，或者是有一个大的范围，然后需要演讲者结合自己的身份定位，选择合适的话题来切入和诠释主题。演讲者可以参考第4章介绍的方法来选择适合自己的话题。对于任何演讲比赛，主题都只是一个大的方向，最忌讳的就是"假大空"的主题诠释方法。演讲者在立意上可以结合"大题小做"和"小题大做"的方法，选择更加适合自己的有创意的观点和立意。

2. 了解听众

演讲比赛的听众分为两个类别，一类是评委，一类是现场听众。在演讲比赛中，现场听众是名义上的听众，评委是实质上的听众。也就是说，出于对演讲成绩的考虑，演讲者必须研究评委的口味和风格。但实际上，准备演讲内容，尤其是准备素材和确定语言风格仍需要研究现场听众，因为演讲者必须通过打动现场听众来打动评委；但是主题和观点这些核心的内容必须符合大赛的要求和预期，充分考虑评委的审美。

3. 制订目标

参加演讲比赛的目标是拿奖，但拿奖是结果目标，演讲者如果一直想着结果目标，很容易导致用力过猛，反而无法获得好的演讲效果。因此，演讲者需要结合演讲比赛的主题，制订合适的话题目标。

例如，某校新闻专业的学生拟定的话题目标是：*通过自己作为实习记者的*

经历，讲述自己采访的悬崖村一户人家摆脱贫困的故事，介绍国家精准扶贫政策带给老百姓的变化，从而凸显"一个真正代表人民利益，解决人民困难，体察弱小的国家，才是厉害了我的国"的主题。

4.画出地图

画演讲地图对于演讲比赛的意义在于使演讲稿更便于记忆，逻辑推理的过程更加清晰，案例的内容等都更加了然于胸。用解构性思维对待演讲比赛，是非常解压和实用的方法。搭建思维框架的意义在于，任何时候，演讲者都可以脱离具体文字而进行即兴发挥，使演讲更具有可控性。

5.打造亮点

所谓演讲比赛的亮点，其实就是演讲者独特的地方。

（1）亮点可以来源于创意

例如在 2022 年武汉光谷为庆祝成立十周年举办的"青听光谷之光谷故事"演讲比赛中，一个演讲者以《我的微信朋友圈》为题目做了一场演讲，他在演讲中把光谷拟人化，演讲者作为光谷的代言人，讲述了光谷十年成长的故事——从一个荒芜的地方到今天的科技创新基地。光谷的重要成长节点都用微信朋友圈的方式来呈现，他做了充分的准备，用 PPT 展示了做出来的朋友圈截图，把武汉的其他重要发展区域都列为光谷的朋友，它们为光谷的成绩评论和点赞。这种呈现形式又有趣又生动，也很好地诠释了光谷成立十周年的主题，非常有创意，让人印象深刻。

（2）亮点可以来源于幽默

幽默在脱口秀表演中经常可以看到，比如使用谐音或者制造反转。如果能够让听众笑起来，那这场演讲一定能让人印象深刻。

幽默，可以让观众在开怀的同时，也记住演讲者，这就是幽默带来的亮点。

（3）亮点可以来源于精彩的故事

演讲比赛给每位选手的演讲时间通常就是 6～8 分钟，内容字数在 1300～1500 字之间。要在这么短的时间内给听众留下深刻印象，就要求演讲必须生动、富有情感，具有很强的感染力和煽动性，而讲故事就是最能吸引听众、调动听众情绪的方法。演讲者可以通过动人的故事，表达一种思想观点，突出一种精神品质，让听众在故事中受到启发。讲故事是演讲比赛中很实用、很有效的方法。既然是讲故事，就要善于制造精彩的亮点。

例如，2020年全国总工会"中国梦·劳动美"演讲比赛中一个演讲者提到采访了金银滩医院的张定宇院长。其中有一段是这样的。

张定宇院长案例

"在一次通话的间隙，我抓住机会问他：'大伙儿都说您性子急，您是不是常对他们发脾气？'

张定宇突然陷入了沉默。好一会儿，他才抬起眼睛，平静地说：'性子急，是因为生命留给我的时间不多了。我心里面有一个秘密，从未对外人说起过，我是一个渐冻症患者，我的双腿已经开始萎缩了。'

我震惊地停下手中的笔，泪水止不住地淌了下来。

在那个时刻，他的妻子，仍在另一家医院的重症病房，情况危急。谈到妻子的病情，张定宇突然摘下眼镜，双手长久地捂在脸上，他在哭。他说，'我们结婚28年了，感情很好！我真的很怕她扛不过去，怕会失去她！'"

亮点在于这段故事里的细节描写、人物动作和语言，就在"张定宇突然陷入了沉默。好一会儿，他才抬起眼睛，平静地说"和"张定宇突然摘下眼镜，双手长久地捂在脸上，他在哭"两句话里。这样的细节非常有张力，很容易将人带入场景中，沉浸其中，感受到主人公的情绪。代入感越强，体会越深，印象越深。这就是讲故事打造亮点的方法。

（4）亮点可以来源于金句

金句是语言浓缩的精华，是好懂好记又让人回味良久的句子，可以在演讲中很好地总结主题，发人深省，画龙点睛。金句可以出现一次，也可以出现多次，无论是何种方式，一部电影、一本小说、一场演讲，如果最后能让观众记住一句话，那就是成功。

7.1.3　求职面试

从某种程度上说，求职面试和竞选演说有共通的地方：首先，二者都属于竞技型演讲，有竞争者；其次，目的都是说服听众，只不过求职面试的听众是特定的面试官，而竞选演说的听众是同学或同事。很多未踏入职场的人，在面试之前非常紧张，不知道该怎么表现才能展示最佳的状态，也不知道是该谦虚谨慎，还是该自信豪迈。我们还是按"五步法"来分析。

1. 确定话题

求职面试一定是针对某一个具体岗位的，不管是什么样的面试，都是为了选拔人才。因此求职面试的话题跟竞选演说的很相似，需要梳理自我和了解岗位信息，通过自我和岗位的匹配来说服面试官。

2. 了解听众

面试者的听众就是面试官，但对面试官的个性、爱好等往往不可能事先了解，这就要求面试者转换思维，了解面试官所代表的企业的情况。

需要了解的企业信息可以分成以下 3 类。

一是岗位要求：这个岗位有哪些要求？需要具备哪些能力？工作的内容是什么？需要怎样的人才？例如应聘的是总经理助理，表达能力和文字能力就是必要的；应聘的是财务人员，专业素养和稳重内敛是必要的。只有对这个岗位有所了解，面试者才可能做好准备。

二是企业背景：所应聘企业的文化理念、发展历史、未来规划；企业所做过的重大项目，或者目前正在开展的重大项目等。企业希望招到的人，一定是认同企业的文化理念，明确企业的使命和目标的同路人。如果面试者对企业现在的重点工作有所了解，就会更加明白自己可以配合做哪些工作，自己的专业知识可以用在哪里，甚至可以有针对性地思考，提出相应的建议。总之，对这些东西有所准备，如果面试官问到，面试者也可以有备无患。

三是企业性质：有时候企业所属的行业和性质会影响企业对员工的要求，例如国有企业和民营企业会不一样，建筑企业和互联网企业会不一样。

做好这 3 个方面的了解，就是做好了充分的准备。

3. 制订目标

求职面试的目标就是要证明自己是最适合这个岗位的人选。那么如何证明呢？这体现在一个词——"匹配"上，也就是要使自己的各方面都更匹配这个岗位。

我们可以把这个岗位的要求一条条列出来，然后进行自我匹配，挑选出自己符合要求的材料进行填充，形成表格。

例如，我们想应聘总经理助理的岗位，表 7-1 有利于我们更清晰地认识自己和这个岗位。

表 7-1　岗位匹配表

		自我匹配	案例材料	其他补充
岗位要求	善于沟通	喜欢与人交流，有很多朋友		
	做事有条理	习惯列计划，重统筹	做过的项目案例1、2、3……	
	时间观念强	我认为……		
	忠诚踏实	别人说……		
	文字能力强	专业背景：中文专业	写过的文章、发表过的论文	
	服装要求	形象职业干练		
优势特长		善沟通，会主持	有主持会议的经验	

求职面试的重点有两个，就是岗位匹配和工作态度。一般面试官考查的不外乎两点：德与才。所谓德，就是你的工作态度和人品。所谓才，就是你的专业和能力与岗位的匹配度。德可以通过工作态度来体现，才需要通过实际处理问题来体现。现在的求职面试越来越倾向于考查一个人处理实际问题的能力，这更加需要我们事先了解工作内容，才能事先思考、做好准备。不管是求职面试中的自我介绍环节还是问答环节，都要致力于突出德与才这两个重点。

4. 画出地图

根据上一步制作的岗位匹配表，我们可以用演讲三段论来完成自我介绍。

（1）开场要简短

"各位领导下午好，我叫×××，想应聘贵公司总经理助理的岗位。我想各位已经看了我的简历，对我有了一个初步的了解。下面我重点介绍一下自己的情况。"

（2）主体部分要有重点、有条理

这里重点介绍自己的专业背景、工作（实践）经历和优势特长，我们可以罗列要点。

① 专业背景（有专业优势是加分项，没有可以不提）。

② 工作（实践）经历（重点谈跟应聘岗位相关的经验及取得的成绩，可以用谈体会的形式介绍自己有列计划的习惯、时间观念比较强等）。

③ 优势特长（介绍自己对完成岗位工作有助力的特长，例如善于沟通、喜欢交朋友，也可以借他人之口表达自己值得信赖等特征，还可以介绍一下自己的兴趣爱好，塑造阳光健康的形象）。

（3）结尾要表达意愿

自我介绍的结尾一般就是再次表达自己希望进入该企业工作的期望。

① 表态（主要谈对岗位工作内容的理解，表示自己的决心）。

② 期待（表达自己对企业的喜爱和赞美、对企业文化的认同，进而表达对成功应聘的期待）。

5. 打造亮点

例如，下面是一段银行职员求职面试的自我介绍。

"各位领导上午好，我叫×××，非常荣幸有机会能够参加今天的面试。

我毕业于××大学，金融学专业本科学历。我性格开朗，爱好广泛，喜欢运动。在大四期间因表现优秀，我被派到××银行××支行实习，主要从事对公业务会计柜面工作。这是我第一次接触到银行的工作，深刻地体会到细致、耐心的工作态度是非常重要的。实习结束后我发现自己很喜欢这个行业，于是一毕业就通过校招进入××银行零售信贷部，从初审做起，最后晋升到后督流程岗位，目前主要负责对整个审批流程的质量进行监督审查。

在审批中心工作了近两年，我非常喜欢这个团体，也很喜欢××银行这个大家庭。在××银行，最值得尊重的是专家，追求卓越是××银行员工的特质。我在这里学到了很多，公司培养了我严谨细心的工作态度、缜密的思维方式，我也积累了一定的工作经验。我深知，这份新工作需要责任感和认真踏实的态度。我会努力学习，谨慎踏实，认真对待我的工作，希望各位领导能给我一次机会，谢谢！"

这段自我介绍的亮点如下。

（1）对岗位的热爱和坚持，从实习期开始就选定了奋斗方向，并坚持不懈。

（2）对目前岗位工作的熟悉，对流程的了解，以及对新岗位所需要人才的自我思考与匹配。

（3）对企业文化的认可和真诚的态度。

总之，在求职面试中，演讲主要体现 3 个要点：一是自己与岗位的匹配度，并且保持谦虚谨慎的态度；二是介绍自己时要重点突出、条理清晰；三是以情感人，真实诚恳。这样才更符合面试官的期待。

7.1.4　辩论比赛

辩论是人们的思辨能力和语言表达能力的一种外在表现，是为了探讨现实问题、认识社会矛盾、发展思维品质而进行的一种语言交锋。辩论比赛是辩论双方运用口头语言、思维能力和相关知识，就某一个特定问题的是非对错、优劣正误进行论证、阐述和辩驳，以求最后获得胜利的一种竞技型演讲。

辩论在日常生活中很常见，只是生活中的辩论是无法提前准备的，但辩论比赛是可以提前准备的，每个人的辩论能力也可以通过辩论比赛来提高。这里我们重点讨论如何准备辩论比赛。

通常来说，辩论比赛的准备要考虑以下几点。

1. 好的辩论善于破题

辩题是辩论的关键，双方辩论的基础就是对辩题的解释，而辩题中的核心概念是需要进行定义的。一个辩题当中需要定义的概念有很多，但核心概念只有一个，那就是有利于自身的概念。抓住了核心概念，你就能掌握主动权。有时辩论双方对辩题的理解并不一致，这时就必须圈定自己的辩论范围。

在 1993 年第一届国际大专辩论会的决赛上，正方所持的观点是"人性本善"，而反方所持的观点是"人性本恶"。显然，"善"与"恶"的解释就是辩题的关键。正方辩手对"善"的解释是"善良，内心纯洁，没有恶意"，主要讨论人性伦理学，认为人应该善良；而反方对"恶"的解释是"批判，发现不足"，主要站在社会学的角度，认为社会的发展依赖于批判和发现不足。显然，反方就抓住了辩题的关键，对核心概念做出了有利于自身的定义，最终获得了比赛的胜利。而正方由于没有对核心概念做出合理定义，出现了辩论主旨不明确、辩论缺乏明确针对性的问题，直接导致了辩论的失败。

2. 好的辩论要情理兼具

很多人认为，辩论比赛赢在逻辑。辩论双方为了在论战中形成自己强大的说服力与论辩优势，势必采用逻辑思维，致力于对辩题进行理性挖掘和完美论证。逻辑的力量固然强大，但是辩论过程中的情绪引导也非常关键。有些时候，辩手讲了很多大道理，反而可能不如一段真情的表白。这就是感性的语言力量。

辩论并不一定是纯说理，有时辩手还要善于使用案例，善于讲故事、诉真情。很多辩手善于利用自身角色来讲故事，在辩论中引入个人的情感倾诉与独特的生活经历，这都是非常好的辩论素材，也具有打动人心的效果。尤其是在最后的结辩环节，利用感性的情感因素取胜的案例不在少数。

3. 好的辩论要有亮点和特色

辩论时的每一次发言其实就是一次短的演讲，要做到重点突出、亮点凸显。一位有着独特语言风格的辩手，也很容易在众多辩手中脱颖而出，给人留下深刻印象。

但是，对于团队作战的辩论比赛来说，每一位辩手都有自己的任务和位置，都要找准自己要"打"的点，守好自己的"阵地"，找到主攻方位，设计好问题和应对策略，打造自己的亮点和特色。

4. 好的辩论要有礼有节

辩论本来就是一种对立的游戏，唇枪舌剑，你来我往，针锋相对。但是，辩论不是争吵，辩论双方切不可纵感情、凭义气，或者急于求成。双方都应尊重对方的人格，语言要准确清晰、有分寸感，不能言语尖刻、讽刺挖苦。对待对方辩手要不卑不亢、有礼有节，尤其是在某个话题引起你强烈的情感波动时，更要注意控制情绪，避免使用过激的言辞伤害别人。尊重他人是自己受到他人尊重的前提，并且良好的、稳定的台风也有利于自己理清思路，找到反驳点。话不在多，有"点"就灵，这个"点"就是观点或要点，所以找"点"一定要稳、准、狠。因此，保持冷静，善于倾听，是一个优秀辩手的必备素质。

思考与训练

1. 准备一次演讲需要几步？分别是什么？

2. 请任选一个学生干部职位，完成竞选演讲稿。

3. 模拟求职面试场景，进行自我介绍。

7.2　功能型演讲

功能型演讲是一种事务型演讲，这种演讲一般有非常明确的功能目标，例如工作报告、活动主持、理论宣讲、项目展示等。在功能型演讲中，演讲者有自己独特的角色定位，是一个项目的推介者或者某种特定信息的传播者。这种演讲不具有竞技性，是一种服务于工作和生活的务实性演讲形式。

7.2.1　工作报告

工作报告是职场中经常需要用到的一种演讲形式。根据实际场景，工作报告可分为两类：一类叫作随机式报告，例如临时被上司要求汇报工作；另一类叫作演讲式报告，例如公司组织年会，需要你对全年的工作情况做汇报。

不管是哪一类，工作报告的内容一般都可以分为以下三大部分。

1. 工作内容的总结

工作报告一定是对某一阶段工作的"质"和"量"的综合汇报。其中，"质"就是工作效果，也就是在工作中取得了什么成就，获得了哪些荣誉，或者有哪些来自领导、同事和合作伙伴的正面评价等；"量"就是工作量，是指对自己所负责的工作进行的数量和类别的统计，最好能有数据、有分类，听起来清晰明了。这种有"质"有"量"的报告，才是完整的工作报告，这些内容还可以配合 PPT 进行数据或图片的展示。

2. 工作过程的体验

要把工作报告做好，不但要结合汇报的观点收集相关的信息和资料，还要把报告撰写得真实、客观、生动，使之产生打动人心的力量。最重要的是，工作报告中要加入个人体验。

在汇报工作时，有时我们汇报的可能不止一件事，这时就要做好统筹安排，最好采取"点面结合"的方法来汇报。其中，"点"是指对工作重点的详细介绍，要做到重点突出，演讲者可以选取自己工作过程中的某个时刻做重点讲述和渲染，充分展示个人在工作中的付出，以获取同事和领导的支持和理解。"面"则是指对工作内容的全面介绍，侧重全面性。

3. 工作得失的分析

工作报告要有价值、有意义，关键在于思考和总结。如果说在工作报告中讲故事是一种感性的呈现，那么对工作得失的分析就是一种理性的呈现，体现的是演讲者的思想深度。

在分析工作得失时，演讲者可以以自己在工作中的收获和成长为主要话题，既要谈成绩，更要谈问题，以及个人需要改进的方面等。有得有失，才是对思想境界的一种拔高，这也是工作报告中不可缺少的一部分。

当然，如果是以征求意见为目的的工作报告，这一部分也可以是问题和建议。以改进工作为目标的建议，是领导最希望听到的部分，也是一个人能力的体现，是最有价值的思考，是工作报告的亮点。

综合而言，要做好工作报告，需要做到以下 3 点。

一是条理清晰，数据翔实。既然是工作报告，就一定要把汇报的内容讲清楚，这就体现在逻辑性和条理性上。只有对工作内容进行精准分类，分条目、按顺序陈述，才能保证汇报得清楚、明了。

二是重点突出，点面结合。有量有质，才能保证全面深刻。具体说来，就是最重要的工作放在前面说，但所有分类不宜超过 3 个，以免听众不容易理解和记忆。

三是有情有理，有得有失。一次好的工作报告，既要有感性的表达，也要有理性的思考。感性的表达体现在讲故事上，理性的思考体现在工作得失的分析和问题、建议的总结上。有思考、有成长，才是优秀的工作报告。

7.2.2　活动主持

一些社会组织的形象沟通都是通过专门性的活动展开的，在活动中，主持人起着贯穿全局、调动气氛、掌控现场等作用，是活动现场的核心。

在活动中，主持人属于组织方，这也是主持人对自我角色的定位。基于此，主持人要注意以下 4 点。

1. 紧扣活动主题

主题是组织一场活动的意义所在，必须贯穿整场活动的所有流程。同时，主题也是主持人串词的关键。通常来说，活动的开始和结束是强化主题的最好时机，主持人一定要把握好这两个时机，画龙点睛地强调活动的意义，并把主题内容适时地穿插进活动的各个环节中。这就要求主持人必须对活动主题有足够的了解，并对主题有所思考和准备，以应对活动中的各种突发情况。

2. 熟练掌握活动流程

作为组织方的一员，主持人首先必须明白自己的身份定位，不能脱离活动。原则上来说，主持人应该参与整场活动的策划与筹备过程，如果不能全程参与，也要尽可能事先了解和参与活动筹备，并自己撰写主持词。

一场活动的主持词不仅是活动主题和流程的体现，也是主持人水平和风格的体现，因而主持词应具有主持人的个人特色与风格。例如，有的主持人幽默诙谐，有的主持人庄重严谨。不同的主题也需要以不同的风格对待，这些都要提前做好准备。照本宣科地念词，是主持的最低水准。

此外，主持人在主持时还要灵活掌握时间进度。任何一场活动都有一个大致的时间范围，主持人要随时把握活动时间，有效控制活动的进程。在活动进行过程中，一旦某个环节出现拖沓，就会导致整场活动时间的延长。此时主持人需灵活机动地处理拖沓的情况，及时调整进度；同时还要根据现场情况调整流程，保证活动能够按时、顺利地完成。

3. 调动活动现场气氛

主持人是活动现场的核心人物，因而要善于调动现场的气氛，使听众对活动充满期待，能够最大限度地参与到活动中来。

主持人调动气氛的方式很多，可以与听众互动，可以抖包袱、制造悬念，也可以进行幽默诙谐的即兴评论。但要注意的是，主持人的关注点应放在活动中和现场听众的反应上，而不是只专注于自己的主持词。主持人必须让自己融入现场的活动中，根据上一个环节的情况和现场听众的反应来进行即兴发挥。这个时候，主持人的口才就显得尤为重要。

4. 具备临场应变能力

应变能力是积极应对紧急情况下事态的非正常发展的一种能力。主持人要能够根据现场的流程和环节即兴发挥，尤其是遇到突发情况时要发挥好主持大局的功能，为解决问题赢得时间。一名具有临场应变能力的主持人，往往可以四两拨千斤，化险为夷、化紧张为轻松、化尴尬为自然。

例如，在某比赛现场，选手突然宣布退赛。这场比赛的主持人面对这么大的意外，既没有躲避掩饰，也没有矫揉造作，而是在经过短暂的思考后，立刻展现出了一名优秀主持人的控场能力。他首先真诚而客观地向听众介绍了实际情况，接着又快速而恰当地给出了相应的处理方式，保证了比赛的顺利进行。

7.2.3 理论宣讲

理论宣讲是对一些社会科学理论进行推广与普及，或从理论上说明现行路线、政策、方针的一种宣传性演讲。例如，到某些机关、社区、军营、学校等，面向不同的群体进行有关理论的宣讲、宣传等，都属于理论宣讲。

一般来说，要宣讲的理论本身就比较难以理解，再把这些理论适当地宣讲出来、让人听懂就更不容易了。所以，理论宣讲必须掌握一定的技巧，不但要讲清楚、讲明白，还要让听众听得懂、能领会，并主动去落实。这也是理论宣讲的最终目标。

一般来说，理论宣讲要注意以下 3 个要点。

1. 内容规范

作为演讲的一种特殊形式，理论宣讲具有明确的宣传教育目的，因而对内容有着特定的要求，即必须践行社会主义核心价值观，必须符合政治要求，必须科学、客观、具有正能量，对听众具有正向的引导作用，而不是代表个人立场，发表个人观点和见解。

因此，宣讲者的用词用语一定要规范严谨，个别行业的宣讲还要考虑到内容的涉密处理。政策宣讲要对政策进行规范的解读，理论宣讲要对理论进行科学的理解，事迹宣讲要对人物精神进行提炼和升华。总之，无论何种类型的宣讲都站位要高，内容要正，言论要严谨科学，它不适合即兴发挥。在宣讲之前，宣讲者应该做好内容的审查工作。

2. 研究听众

在理论宣讲活动中，我们针对不同的人群要有不同的宣讲策略，不能一个宣讲材料反复使用。

例如，征兵宣讲主要是面向青年学生宣传国家的征兵政策，鼓励大家积极踊跃参军报国。那么在准备的时候，就要使用年轻人喜欢的语言，方式要轻松活泼，不能死板沉闷，案例也要多用年轻人的故事。只有采用年轻人喜闻乐见的形式和语言，才能拉近与听众的距离，达到宣讲的目的。

再如，社区宣讲的主要对象是社区民众，因此在宣讲形式上可以多样化，宣讲的内容要贴近民众的生活，宣讲的语言要用民众能听懂的语言，甚至可以使用当地方言，这也是我们常说的"入乡随俗""到什么山头唱什么歌"。只有把艰涩的理论变成"方言""土话"，将"理论话语"转换成"群众语言"，将"理论观点"转换成"朴素道理"，才能把理论的内涵传达给听众，让听众真正听得懂、学得进。

3. 形式多样

为达到宣传教育的目的，宣讲形式可以有更多创新，宣讲者可以通过讲故事来宣讲理论，也可以在宣讲中使用音乐、图片、视频等，让听众在轻松活泼的氛围中接受理论，这是理论宣讲的一个有效途径。

2021 年，在武汉市优秀征兵政策宣讲员比赛中，一等奖选手朱×× 一开场就讲到自己今年毕业，刚接到通知，正式成为一所大学的辅导员，而这一切都源于他的一次经历。接着，他便讲述了自己参军的故事，并现场展示了自己参军时的照片，讲述了军旅生涯带给自己的成长和荣誉，非常能打动人心。

在社区宣讲中，宣讲者也可以通过讲故事、编顺口溜、演喜剧小品、唱当地戏曲等群众喜闻乐见的方式，寓教于乐，这样的宣讲才能真正走进听众的心里。

有一位宣讲者在宣讲建设乡风文明的相关内容时，先问了在场听众一个问题："我问叔叔阿姨们一个问题，你们认为，在家庭关系中，什么关系最难处？"

话音刚落，大家都会心地笑了，随后纷纷说出"婆媳关系"。于是，这位宣讲者就从"婆媳关系"讲起，讲到社区如何通过解决住房问题，解决了一场家庭纠纷，又讲到设立"文明家庭"，在社区里形成争当先进的好风气，最终让大家明白了，原来这就是乡村振兴战略中提到的乡风文明。

这样的故事真实、生动、丰富、鲜活，很贴近听众的现实生活，所以也容易被听众接受。更重要的是，通过这样的小故事，听众深刻地理解了宣讲者所宣讲的内容。

此外，宣讲者还要善于与听众互动。

理论宣讲不能只是宣讲者一个人的演讲专场，宣讲者还要留出专门的互动时间，与现场听众进行互动，对听众的一些问题进行现场解答。这样既能调动听众的兴趣，又能让宣讲内容更加深入人心，而且还能体现出宣讲者的风度和水平，让听众感受到自己被重视，可谓一举多得。

7.2.4 项目展示

说起项目展示，很多人都认为那可能就是为了推销产品或融资等，其实这是对项目展示浅显的认知。

在大数据时代，不是每个项目展示都会出现在舞台上，它也可能出现在电梯里、咖啡厅或餐厅中，没有计算机，没有 PPT，也没有事先写好的脚本，展示者一个人就只能做一次展示，因此抓住主要目标很关键。

1. 找准痛点

要做好项目展示，并不是直接向听众大谈特谈某个项目或某个产品的优势、好处就行了，而是谈不使用某项目、某产品所造成的损失，这就是听众的痛点。然后，展示者要解决听众的痛点，帮他们找到解决方法，让他们知道该项目或产品能给他们带来什么价值、解决什么实际问题。这样的项目展示才有可能获得成功。

2. 说通俗易懂的语言

有很多项目涉及高科技领域，很多展示者想要证明自己产品的科技含量，就会用大量的实验数据和专业术语来解释和介绍，殊不知这样的介绍方式反而效果不好。人们对于听不懂的东西，要么显示出崇拜，要么显示出不在意。如果用过多复杂的语言来解释产品的运行原理，无异于给一群小学生上大学物理课，这种表达是无效的。对于项目展示而言，展示者最好不要花费大量的篇幅来介绍过于专业的知识，最好利用比喻的方法，用通俗易懂的语言来介绍产品的要点，集中精力展示"我们改变了什么""我们带来了什么"或者"我们可以用这个产品做什么"。所有的科技创造，最终都是为了改变人类的生活，这是展示者要重点阐述的东西。

3. 以情动人

很多人以为项目展示就是要讲项目本身，但是做项目的初心也很重要，我们为什么要研究这个项目，我们所付出的努力，我们所期待的未来，这些内容其实更容易打动人。对于任何事情，我们只有从源头思考才能找到正确的方向。人们真正希望看到的，是一个执着追寻梦想的人，一个真正找准了这个社会的痛点并立志改变现状的人，一个坚持走自己道路的人。这些内容是一定要体现在项目展示里的。

例如，某品牌创始人在第一家门店开业的时候，站在商场门前的广场上，面向所有的员工、合作商、顾客，做了一场名为《我们有一个梦想》的开业演讲，其中有这样一个片段。

"我们有一个梦想，中国品牌是尊严的代名词，这种尊严感就是我们的自尊心，我希望将这个梦想传递给整个民族。

我们有一个梦想，中国企业给世界的感觉就是负责、谦卑、共赢。这是一种格局，赢得天下人心的格局。一群有责任感的企业，一群有灵魂的企业，一个受世界尊敬的群体。

……我们所有员工都因这个梦想而不断努力，无论前面有多少风雨，我们一定因这个梦想手挽着手。不管别人怎么看，我们永远要有视创意为生命的设计，视品质为灵魂的产品，视品位为尊严的品牌精神。

我们将为这个梦想奋斗一生，不惧挫折、不惧嘲讽、不惧远途、不惧失败、不惧苦痛。这个梦从我开始，一代人、两代人……中国人的品牌精神会一直延续。"

当他的演讲结束的时候，很多人都被他打动，纷纷走进门店购买产品，这就是演讲的力量。

4. 谨慎使用PPT

项目展示最大的误区就是变成PPT展示，展示者变成PPT讲解员。过于依赖PPT是不好的，PPT在项目展示中的作用是展示重要的素材，以更直观的方式展示项目要点，更好地配合展示者进行内容呈现。如果PPT内容太多或者太花哨，就会喧宾夺主，使听众的注意力更多地放在PPT上，这不利于展示者表情达意。

思考与训练

1. 工作报告包含哪些内容？好的工作报告有什么特点？

2. 做好一场理论宣讲，需要注意哪些要点？

3. 如何做好一场项目展示？

7.3　特殊场合演讲

在日常生活和工作中，有很多特殊场合都需要用到演讲，例如获奖时发表感言，举办庆典时发表讲话，或者在一些论坛活动上发言等。这些场合看似要即兴演讲，实际上也是可以提前准备的。

7.3.1　获奖感言

在颁奖仪式上，获奖者一般都需要发表获奖感言，这通常要求脱稿，有时还可能需要即兴发挥。在这种情况下，许多人往往由于太激动或太紧张，大脑一片空白，发言时只是感谢一番，缺乏实际内容。

为了避免上述情况发生，获奖者就要结合自身情况，讲述一些能够表达内心真实感受的话语。

首先，在开头部分要提出感谢。在发言时，获奖者首先要感谢主办方，感谢身边的同事、朋友等，表达如果没有他们的帮助，自己就不会获得今天的成绩。

其次，结合自身实际情况表达情感。获奖者需要结合自身实际情况或经历等，讲述获奖后的感受。这里要注意的是，获奖者讲述的内容一定要真实、新鲜，最好是讲述与自己有关的故事，只有赋予自己的故事以生命，才能真正让演讲活起来、让情感活起来，从而产生打动人心的力量。

同时，在演讲时还要态度谦卑，不要让听众觉得你是在炫耀。只要用真实的故事、合适的语气、恰当的方式表述出来，让听众感受到你的真情实感，你的演讲就成功了一半。

最后，表达决心，再次提出感谢。在演讲的结尾，获奖者要以谦卑的态度表示不会因为现在的成绩而心生浮躁，反而会以此为动力继续努力，以期取得更好的成绩；并且再一次感谢激励自己的人，感谢组织方，深鞠躬，完美收场。

例如，某演员在某届金鹰电视艺术节颁奖晚会上的获奖感言如下。

"感谢各位评委、各位观众对于这部电视剧的喜爱，对于我所扮演的角色的喜爱。

这个角色，在戏里燃尽了自己的生命，他为了伸张正义……这个角色在戏外让我获得了许多荣誉，让我今天站在这里获得这么重要的奖项。

所以，我最该感谢的是创作了这个角色的编剧老师，感谢××先生对我的信任、给我的机会，感谢××导演在拍摄过程中对我的帮助，同时感谢所有的演职人员。

虽然这个奖的名字叫'观众喜爱演员奖'，但我认为它不是属于我一个人的，它是属于剧组所有人的。

今天站在这里我觉得很有缘分，因为我在台下看到很多来自××的学员，你们中间有很多是我的师弟师妹，看到你们我觉得很亲切，所以我也不能忘记感谢我的母校、我的老师。

作为虚长几岁的师兄，我想对你们说一句话：'此时此刻我羡慕你们，因为你们在学校还有许多年学习的时间，千万不要浪费在学校的时间。我还想说，做一个纯粹的演员，把演戏当成一件简单的事，你会获得更多的快乐。'

首先我感到非常意外，我没想到我和我的搭档××会以这样的方式相会。说句心里话，我今天拿到这个奖，并不是因为我的演技有多么好，我觉得是因为我很幸运。我可能比更多人更早地知道演员应该是怎么样的。刚才××老师说了，我的第一部戏是跟她合作的，在拍摄现场的时候我记得那时是横店的深秋，天气已经非常凉了，她拍戏的时候没有助理。有一场戏她是躺在地上，剧组在布景布光，她就一直在那里躺了将近半个小时。那个记忆我非常深刻，她让我知道演员在现场应该是什么样的。

然后我很幸运，我可能比更多人更早地知道了什么样的演员才是真正的演员。我要感谢××，她对我说过两句话。第一句话她说，演戏是一个探索人性的过程。第二句话她说，她是在用生命在演戏。这两句话我会记住一辈子。

还有就是我有很多机会可以在生活中看到一个真正的演员应该是怎么样的。昨天我非常有幸地和××老师同一班飞机来到长沙。老师德高望重，这么大的年龄，他只带了一个随行人员。我很惭愧，我带了3个，而且体形都非常壮硕。所以我觉得今天把这个奖杯拿在手里，它并不代表我到了一个多高的高度，而是代表了我刚刚上路。这是一条创新之路，也是一条传承之路。艺术是需要创新的，但是，追求艺术、敬业的精神是需要传承的，谢谢大家！"

这段获奖感言亮点颇多，例如谦虚谨慎、淡化个人、凸显他人和组织。不仅如此，他还结合主题谈到了对艺术精神的思考，提出了敬业精神的重要意义。

7.3.2　庆典发言

庆典是个人或组织为了引起公众关注、提高自身知名度，同时将组织的美好愿景等信息通过活动展示给社会所举办的庆祝活动。常见的庆典活动有大会或活动开闭幕式、工程奠基仪式、结婚仪式、节日庆典、开学典礼、毕业典礼等。在各类庆典中，一般都有庆典发言。庆典发言的特点和要求是语言简短凝练、抓住重点。

首先，庆典活动一般都有主题和意义，演讲者发言要有针对性地点明庆典的主题和意义。

其次，演讲者参加庆典活动，一定有自己的身份定位，本人也必定代表着某个群体或者行业，在发言时要充分考虑自己所代表的群体，站在这样的角度讲出对活动主题的看法和思考，以及对活动背景、作用、意义的认识。

最后，演讲者要表达感谢和期待，或者是对活动的美好祝愿，可以简单概括和总结活动的相关历史、阐述活动的意义和价值并表达对未来的展望等。如果演讲者是主办方的一员，要对参加活动的个人、团体、组织等再次表示欢迎和感谢。如果演讲者是受邀请的嘉宾，可以感谢此次活动主办方的精心策划。如果有祝酒环节，还要在最后提议祝酒。

以下是一篇开工仪式的庆典发言。

"尊敬的各位领导、各位来宾，亲爱的朋友们：

大家晚上好！

今夜，高朋满座、丹桂飘香，值此××项目开工之际，我谨代表公司向出席今晚宴会的各位领导、各位来宾和各位朋友表示热烈的欢迎和衷心的感谢！

××项目是本公司今年乃至未来10年的头等发展项目，该项目的规划实施，对环保节能、城市建设、高科技智能化的新发展有深远的探索意义……在各位朋友的密切关心下，工程建设人员在项目准备阶段努力拼搏、夜以继日、舍小家为大家，进展速度为近10年来之最。我相信，在所有关心和支持公司建设发展的各界人士，以及所有参加本次宴会的嘉宾的亲密合作、共同努力下，本项目一定能够取得圆满的成功！

最后，我提议：让我们斟满美酒、高举金杯，为××项目的顺利开工，为我们的紧密合作、共同努力，为环保节能、城市建设的新发展更上一层楼，干杯！"

这篇庆典发言包含三大内容，即活动主题、个人定位和祝福展望。不管以何种方式来组织语言，这三大内容都是缺一不可的。这种格式可以广泛应用于大多数的庆典活动中，例如婚礼、文化活动开幕式、各类比赛启动仪式等，但注意语言要真挚朴实，表达出演讲者的热情，才能使整个发言环节有亮点。

庆典发言也可以有很多不同的模式，这取决于演讲者的个人演讲风格和语言特点。

例如，湖北省演讲协会副会长陈飞在2019年"曹灿杯"全国朗诵大赛湖北赛区启动仪式上的演讲。

"著名哲学家康德说：'世上有两样东西，我越想越觉得神奇，越想越觉得心生敬畏，一个是我们头顶灿烂的星空，一个是我们心中的道德准则，星空使人类显得渺小，而道德使人类变得强大！'但真正强大的，是历经千年，传承到今天的，我们手中的经典。

曹灿先生的声音是我们这个年代的最美的回忆。在我们那个信息还不发达的年代，小时候，每当我听到那声'小喇叭开始广播了'，就会守在收音机前如痴如醉。那段声音为我打开了一扇面向世界的大门，也在我心里种下了一颗种子，一颗中国语言文化的种子。

朗诵是什么？当你手捧一本《诗经》吟诵的时候，你仿佛穿越了时空，看见了祖先生活的场景。当你感怀于唐诗宋词的美好语言和意境的时候，你仿佛与那些历史人物畅聊对话。当你情不自禁想要大声朗诵出自己喜爱的诗句的时候，那些诗句已经融进你的血液、进入你的灵魂，成为你生命的一部分。朗诵，不仅仅是重现经典，朗诵打开的是一个世界，在这个世界里，你可以看见自己、发现自己，甚至塑造自己！朗诵是一盏灯、一把火炬、一座桥梁，连接历史和今天，照亮我们的生命，给予我们力量和前进的方向。所以，大声朗诵吧，朋友们！为我们头顶灿烂的星空，为我们心中真理的力量！谢谢各位！"

这段演讲从"曹灿杯"的来历、朗诵的意义等角度，介绍了诵读经典在新时代背景下的意义，鼓励广大语言艺术爱好者积极参与。因为在场的听众都是评审专家和朗诵爱好者，所以演讲采用了诗歌般的语言、排比式的结构，是一篇充满个性特色的演讲。

7.3.3　知识分享

当前各行各业连接紧密，国际国内各个领域的各种学术论坛也很活跃，参与者需要在论坛上发表讲话，以交流思想和观点。不仅是学术论坛，在很多知识分享平台和不同领域的交流活动中，也会有很多学者分享自己的研究和发现。知识的分享与传播已经成为演讲的重要功能。

那么，知识分享应该如何构思呢？

首先，确定知识的重点。对于任何知识分享来说，短时间的演讲都不可能涵盖这个领域所有的内容，所以确定知识的重点是最重要的。我们要根据活动方给予发言者的时间来考虑，一般来说重点不超过 3 个，而且需要有详略的分配。如何在限定时间内讲清楚要点，是演讲者需要思考的问题。

其次，确定语言形式。演讲者要根据演讲的场合和听众群体来确定使用什么样的语言形式。如果是学术论坛，到场的都是这个领域的专家，那么就不需要相关知识的普及过程，演讲者可以直奔主题，分享最新的研究和发现；如果是面向大众进行科普，那就需要使语言通俗化，可以使用丰富的比喻、类比来对知识进行解释说明，生动形象、通俗易懂是演讲者追求的目标。

需要注意的是，在制订演讲的话题目标时，演讲者最好能更加精准明确。尤其是在大众科普中，让听众听明白这个知识，这不是演讲者的最终目标，因为这不是上一堂课，演讲者应该落实到怎么做上。所有的知识最终都是要落实到实际应用中的，尤其是对于科普活动来说。

例如，在湖北省第三届健康科普大赛决赛上，同济医院某位医生做了《大动脉惊魂八小时》的演讲，节选如下。

"10 秒钟可以发生什么？打一个哈欠？或是伸一个懒腰？但是短短的 10 秒钟也可以让一个人瞬间失去生命。有这么一种可怕的疾病，从发病开始，每小时死亡率增加 1%。48 小时内 50% 的人会死亡。这种疾病会把我们的血管从心脏撕裂到大腿，一旦破裂瞬间失血可达 2000 mL，而我们全身的血液总共 5000 mL。这就是 A 型主动脉夹层，目前已知人类最危险的疾病。

接下来，我将为你展现'大动脉惊魂八小时'，掀开这种疾病可怖的面纱。

这是一根大动脉，是我们身体内最粗的血管，在人体内是'母亲河'般的存在。

正常血管非常有弹性，而长期的高血压可以把它变得非常脆弱。在血流的反复冲击下，整个血管被撕裂，就靠一层薄薄的外膜包裹，病人随时有可能因血管爆裂而死亡。夺去病人的生命仅需要 10 秒钟，挽救病人的生命却需要一项长达 8 小时的外科手术，这种手术被称为我们外科手术皇冠上的明珠。

手术战役打响之前，先来过三关。

第一关'诛心'。主动脉夹层发病非常突然，在我国以青壮年男性居多，死亡率非常高，而手术费用又非常高昂。尽管我们拼尽全力，但有时候仍然不得不面对不愿意看到的结果。

第二关'浴血'。尽管我们采取了大量节约用血的技术，但是在极端情况下，这种手术仍然可能用到 5000 ～ 10000 mL 血，相当于把人身上的血换了两遍。

第三关'硬核'。来看这组数据：8 ～ 10 小时手术时长、20 位医护人员倾尽全力，有时候全科一天需要做上 5 台这样的手术，最长的时候我 48 小时没有合眼。

听到这里，大家是不是已经有点窒息了？先别慌，接下来才是最刺激的。手术开始，首先需要停掉病人的心跳、呼吸。没有心跳、呼吸怎么活呢？一是用体外循环机艰难维持。二是用深低温技术，把人的心脏和大脑用冰屑冻起来，让人体对养分和氧气的需求降到最低，进入'冬眠'状态。

接下来，切开主动脉夹层，储留在里面的血液喷涌而出，吸干这些残存的血液后，支离破碎的血管呈现眼前。由于破损严重无法修补，要用人造血管替换全部自身主动脉。

手术中最凶险的一步是主动脉弓置换，因为要停掉所有的循环，此时身体内没有任何血液流动，如果半个小时之内做不完这个步骤，病人很有可能再也醒不过来了。此时，主刀医生会凝重地宣布：深低温、停循环，开始计时！体外循环师的报时声会对主刀医生形成强大的心理压迫。

换好血管还不能喘息，接下来还要经历心脏复跳、身体复温、艰难止血等几个环节，每一个环节都惊心动魄，每一个环节都举步维艰。这是一台手术中止血所用到的纱布和缝合血管所用到的缝线。8 个小时，对病人来说是鬼门关游走，对医生来说是死神手中抢人。8 小时不吃不喝不能上厕所，还要全神贯注地做手术，容不得一丝松懈和差错。

说到最后，其实我们本可以不必经历这样的'磨难'，想要避免主动脉夹层这种疾病其实真的很简单，就是 4 个字'控制血压'。控制好了血压，就可以让自己不必陷入'九死一生'，让亲人不再撕心裂肺，让医生少一些'惊魂八小时'。"

这篇科普演讲稿形象生动、通俗易懂，紧紧抓住听众注意力，把手术类比成一场战役，步骤清晰、节奏紧凑，讲述极有条理和逻辑，并在最后给出了可行性措施，希望人们关注血压健康，使人印象深刻。该演讲不失为很好的普及性知识分享的典范。

> 思考与训练

1. 请画出前文金鹰电视艺术节颁奖晚会获奖感言的演讲地图。
2. 庆典发言有什么特点和要求？
3. 如何做好一场知识分享？
4. 请画出演讲《大动脉惊魂八小时》的演讲地图。

7.4　即兴演讲

即兴演讲是在某种特定的景物或人物、气氛的激发下，兴之所至，临场因时而发、因事而发、因情而发，自发或被要求立即进行的当众演讲。即兴演讲是演讲中难度很高，也是较为常见的一种演讲方式，是所有学习演讲的人追求的目标。

7.4.1　即兴演讲的秘密

从演讲的发展历史中可以看出，演讲是一种诞生于口语表达需要的语言表达形式，演讲最初的样子就是即兴的。因此，即兴演讲虽然难度大，但往往能够产生极佳的效果。

解锁即兴演讲的钥匙，就在"兴"这个字上。"兴"本指兴致、兴起，在即兴演讲中，"兴"通常可以理解为演讲的起因。即兴演讲的重点在于，这种演讲是否为自发型的。

顾名思义，自发型演讲是因为受到现场某些外在因素的刺激，演讲者产生了想要演讲的冲动，演讲者感到有话要说、有观点需要表达。这种"即兴"的状态通常来源于对某个话题的兴趣，或者受到"此情此景"的触动，人产生了某种情感的冲动，需要把这种情感抒发出来。自发型演讲是具有内在动力的，这种动力也叫内驱力。内驱力对于演讲者来说非常宝贵，是成就出色演讲的首要条件。

某企业家曾经在他的演讲中说："技术和艺术的结合让我们的心灵歌唱。"这是他创立品牌的原因，追求"科技和艺术的结合"就是他的内驱力，他渴望用演讲向用户展示他做出来的每一件产品，与他人分享自己研发产品的过程和心得。当演讲者找到心中真正的"兴致"所在，他才能找到自己演讲的目标和动力，也就找到了打开演讲大门的钥匙。

所以，即兴演讲有"兴"很重要。演讲者要清楚自己为什么要在某个场景下发表演讲，之后才能有针对性地给出对策。

那么，即兴演讲到底有没有方法呢？

当然有！即兴演讲的秘密就在于"永不即兴"。那些优秀的即兴演讲看似即兴，其实都是有所准备的。演讲者也许没有准备全稿，但一定提前准备了提纲。要想达到脱口而出的境界，演讲者就需要具有丰富的演讲经验和对话题有足够的思考和了解。

即兴演讲最常发生在什么情况下呢？通常是在参加某次活动的过程中。在这一前提下，演讲者就会事先对活动主题有所预期，对于自己为什么参加这次活动也是有所思考的。也就是说，任何可能让我们即兴演讲的机会，都是可以预设的。所以，解锁即兴演讲的密码就在于"时刻准备着"。

即兴演讲准备时间短，对临场反应要求高，所以，演讲者需要先对演讲话题有所思考。这种思考不可能是在现场思考，观点也不太可能临时形成，而应是长期知识积累的结果。总体来说，它需要演讲者具备广博的知识、敏捷的思维、丰富的经验、熟练的技巧和良好的心理素质。

7.4.2　即兴演讲的方法与原则

由于即兴演讲是演讲者在没有准备或准备不充分的情况下临时发表的演讲，

难度大，对演讲者要求高，因此演讲者经常担心自己没话说，或者说不清楚。针对这两个问题，演讲者可以从以下 3 个方面来寻找突破点。

1. 找准定位

既然是参加活动，你是谁就变得很重要。如果是代表某个群体或组织，那么你的演讲就要更多从群体或组织的角度进行。例如，你代表青年大学生在某次活动中发言，就要站在大学生的角度来谈。如果仅仅代表个人，那么就可以更加自由一些，可以从个人经历的角度谈谈自己的看法。例如，你为什么来参加这个活动？有什么期待？有什么收获？

任何演讲都要有关于个人定位的思考，准确回答"你是谁？"这个问题在即兴演讲中非常重要。

例如，湖北省演讲协会副会长陈飞在"庆祝东湖风景区成立 70 周年"演讲比赛上的即兴点评如下。

"各位领导，各位选手：

大家好！今天我作为评委，聆听了现场 10 位选手的演讲，感慨颇多。大家都分享了与东湖的缘分和故事，我也分享一下我与东湖的故事。这次我受邀来东湖，再次目睹东湖的盛世美颜，又恰逢东湖风景区成立 70 周年，与黎主任、余书记相谈甚欢，一拍即合，于是有了今天这场精彩的演讲盛宴，也成就了东湖与演讲的一段缘分。不得不说，演讲是展示一个人甚至一个行业文化重要的窗口，大家以这样的方式纪念东湖风景区成立 70 周年，是送给东湖最好的礼物。今天各位选手的演讲各具特色，站在各自不同的岗位上谈到了各自眼中的东湖，亮点纷呈……"

在这段即兴演讲中，陈飞作为评委，同时也是活动的协办方和演讲总教练，在开场就点明这一身份，介绍了演讲比赛的来历以及"庆祝东湖风景区成立 70 周年"的主题，表达了演讲对于个人和行业文化展示的重要意义。这段即兴演讲结合个人定位和演讲主题，抒发了自己的感想感受，层次分明、感染力强。

2. 聚焦主题

大多数情况下，即兴演讲都发生在某次活动中，活动通常都是有主题的，结合活动主题来谈谈看法，就成为即兴演讲的核心话题。

2011 年 6 月，参加 2011 全国大学生演讲大赛的决赛选手和各位评委，在青岛五四广场齐声朗诵《青岛宣言》。广东演讲学会会长孙朝阳作为评委代表，上台进行了即兴演讲。部分演讲内容如下。

"站在青岛五四广场上，耳边回响着'还我青岛'的声声呐喊，那些热血青年为了中华民族的觉醒抛头颅、洒热血。这时，我也想起那句：'为中华民族之崛起而读书。'今天，我们作为中华儿女要做什么？就是要为中华民族伟大复兴而努力奋斗。

我突然有个想法，我们能不能用当年喊出'还我青岛'的那份激情，举起我们的手臂，也喊出我们心中的铮铮誓言……"

他结合大赛的主题和地点，以回顾历史的方式发表了即兴演讲，现场倡议大家齐声呐喊，再次强化了主题。

即兴演讲受具体场合、活动的制约，内容可以就地取材，主题则由演讲者触景生情、因事而发，不一定遵循统一的模式，但主题一定要聚焦、明确。在喜庆的场合，要为人助兴；在哀悼的场景，要抒发哀思。特定的时空场合和活动氛围，是演讲赖以生存和发挥的土壤。

3. 把握时间

即兴演讲的时间一般较短，太长的即兴演讲就不是真正的即兴演讲了。对于即兴演讲者来说，讲话的时间太长也容易偏离主题，使听众感到疲乏。通常来说，即兴演讲以 3～5 分钟为宜。这就要求演讲者语言精练、观点鲜明，如果能运用幽默的技巧和生动的金句，就更容易给听众留下深刻的印象，造就精彩的演讲。

7.4.3　即兴演讲的训练与提高

了解了以上知识，我们就知道了即兴演讲在内容准备方面的要求及努力的方向。即兴演讲内容简短，形式也很丰富，但同样需要事先有所准备和思考。要攀登即兴演讲的高峰，我们至少要在以下两个方面下功夫。

1. 善于积累

即兴演讲的内容包罗万象，涉及诸多问题。演讲者只有善于积累，丰富自己的知识储备，才能深刻地认识事物本质，把握演讲内容。

积累的方式多种多样，如写日记，针对问题多思考、多记录；看到好的段子和幽默的语言可以记录下来，这会让你成为一个诙谐有趣的人；看到金句和名言可以记录下来，这会让你成为一个思想深刻的人；看到优美的词句可以记录下来，这会让你成为一个有文采的人。

当然，善于积累不仅要落实在笔头上，还要落实在脑袋里。只有善于记忆，最终把这些东西变成自己的知识，才能在需要的时候脱口而出。

2. 勤于练习

（1）使用"抽题法"进行练习

即兴演讲是一个由量变到质变的过程，所以平时要勤于练习。演讲者可以准备一些演讲的话题，做成纸牌，然后自己随机抽取练习。练习的过程包括：迅速立意—画出演讲地图—演讲实战演练—录下演讲视频—观看视频—自我点评—修改和提升。长此以往，我们的反应速度会变快，演讲能力和思维能力都会得到很大提升；也可以组建小团队进行这样的练习，团队成员互相提意见，共同进步。

（2）争取上台机会

要想锻炼自己的心理素质和语言能力，我们就要寻找更多的公开讲话机会。例如举手发言、参加演讲比赛，从中积累语言组织技巧，把自己置于众目睽睽的压力之下，从演讲的主题内容和表达技巧方面不断磨炼自己。只有不断总结提升，才能真正成长起来，提升自己的演讲能力。

思考与训练

1. 即兴演讲的秘密是什么？

2. 如何准备即兴演讲？

3. 如何通过训练提高即兴演讲水平？

本·章·小·结

生活处处有演讲，不同的场合需要进行不同类型的演讲。一般来说，演讲可分为以下几种类型。

1.竞技型演讲：主要包括竞选演说、演讲比赛、求职面试、辩论比赛等，以说服听众接纳自己的观点、思想等为目的。

2.功能型演讲：主要包括工作报告、活动主持、理论宣讲、项目展示等，以向听众提供或传达某些信息为目的。

3.特殊场合演讲：本章主要介绍了3类，分别为获奖感言、庆典发言和知识分享。

4.即兴演讲：本章主要介绍了即兴演讲的秘密、即兴演讲的方法与原则，以及如何通过训练提高自己的即兴演讲水平。

通过对本章内容的学习，读者可了解不同场景中可能遇到的演讲，弄清这些演讲的构思方法，以便在应用时充分准备，提升演讲水平。

本章习题

1.请你为自己设计一篇竞选学生干部的演讲稿。

2.结合自己的专业，选择话题，完成一篇知识科普类演讲稿。

3.以团队为单位，集思广益，准备5个即兴演讲的题目，并画出你们的演讲地图。